그림으로 기억되는
브레인 한자

한자의 특징인 그림과 기호로 연상하고
글자에 담긴 뜻과 역사적인 배경을 소개한
『브레인 한자』

최상용 지음

좌뇌로 읽고
우뇌로 보는
마법의 한자 암기법

그림으로 기억되는
브레인 한자

생로병사 편

문예춘추사

인간의 삶을 배우는 한자 공부로
뇌력을 키우자

　기(氣)를 전문으로 연구하는 기학자인 필자는 오래전부터 한자로 쓰인 고대 경전을 보며 동양학의 키워드인 기를 공부해왔다. 기(氣)는 그동안 동양학의 전반에 그 영향을 끼쳐왔으면서도 체계적으로 논의되지 않은 분야다. 그런데 공부를 하면 할수록 한자 공부의 중요성이 점점 더 절실해져만 갔다. 급기야 한자를 모르고서는 기 연구의 바탕이 되는 관련 경전들에 감추어진 깊은 뜻을 도저히 깨달을 수 없다는 결론에 도달했다. 그래서 선학들이 연구한 한문과 한자 관련 서적들을 참조하며 나름대로 폭넓게 공부한다고 했지만 이해가 쉽지 않았다. 이유는 글자의 유래에 대한 해설이 너무 단편적일 뿐 아니라 주입식으로 빨리 외우게 하는 데 치우친 책이 대부분이었기 때문이다.

　또한 내가 공부를 위해 참고한 많은 한자 관련 서적들은 대부분 한자의 강점인 회화적인 특성을 무시하고 있었다. 한자의 90%가량이 의미요소와 소리요소가 결합된 형성글자로 이루어져 있는데, 대부분 소리요소는 뜻과는 전혀 무관하다며 도외시되고 있는 점이 문제였다. 그래서 나는 한자의 원형이라 할 수 있는 갑골문(甲骨文)과 금문(金文), 그리고 소전체로의 변화에 주목하는 한편 모든 글자를 그림으로 그려 보자는 의도를 가지고 한자를 해석해보았다. 그러자 어렵게만 여겨지던 글자들이 머릿속에 그림으로 그려지며 너무나도 쉽게 알 수 있게 되었다. 혼자만 알고 있기에는 아까운 생각에 몇 해 전부터 나의 블로그에 올려보니, 많은 사람들이 공감을 표시하며 책으로 낼 것을 권유하여 집필하게 되었다.

한자 공부만의 탁월한 성취, '뇌력 증진'

한자 자체에는 나이 들어가면서 누구나 두려워하는 치매와 중풍에 대한 예방법이 숨어 있다. 오랫동안 건강 및 기수련 연구에 매진해온 나의 화두는 '어떻게 하면 심신의 조화를 이룰 수 있을까?' 하는 것이었다. 그리고 그 답은 인체의 주인인 마음의 운용에 있다는 것을 깨달았고 '마음을 움직이는 뇌를 전반적으로 활용해야 한다.'는 결론에 도달했다. 그렇다면 어떻게 뇌의 기능이 활성화되도록 뇌를 전반적으로 사용할 수 있을까?

치매(癡呆)는 대뇌 신경세포의 손상으로 지능, 의지, 기억 등의 기능이 상실되어 정상적인 정신 상태를 유지할 수 없는 노인성 질환을 말한다. 그런데 한자와 한글을 동시에 활용하는 사람은 뇌력 증진에서 상당히 유리한 입장에 있다. 한글과 같은 소리글자(表音文字)는 언어와 관련이 깊은 좌뇌가 주로 활용되는 반면에 한자와 같은 뜻글자(表意文字)는 어떤 형상이나 이미지를 주로 관장하는 우뇌가 활용된다. 한국인의 두뇌가 뛰어난 이유는 바로 한글과 한자를 동시에 활용하기 때문이다.

뇌력을 증진시키는 방법은 뇌를 계속해서 활용하는 데 있다. 은퇴와 함께 모든 것을 놓아버리는 사회적 풍토는 문제가 많다. 더구나 학교를 마치면 더 이상 공부할 일이 없다며 책과는 담을 쌓아버리는 우리네 풍토는 더더욱 문제가 크다. 평생교육(平生敎育)은 요즘 새롭게 등장한 문화적 풍토는 아니다. 고려장을 비껴간 사람들의 곁에는 늘 책이 가까이 있었다. 황희 정승과 조선 후기의 대학자 허미수는 90여 세까지 현역 정치인으로 봉사했다. 더구나 저술활동을 한 대문호, 예술활동을 한 예술가들의 경우 노년의 작품들이 역작으로 우리 곁에 남아 있다. 괴테가 『파우스트』를 완성한 것이나 비발디가 '사계'를 작곡한 것도 80세를 넘어섰을 때이고, 톨스토이와 빅토르 위고, 피카소와 찰리 채플린 등도 노년에 역작을 남겼다.

우리 몸은 좌우대칭 구조다. 대부분의 질병은 좌우균형이 무너졌을 때 온다. 질병 중 가장 뚜렷하게 좌우 비대칭 문제가 드러나는 것은 중풍과 같은 마비현상이다. 좌측으로 온 마비현상은 우뇌의 이상에서 오고, 우측으로 온 마비현상은 좌뇌의 이상에서 온다. 우측에 마비현상이 온 사람은 언어능력이 현저하게 떨어지고, 좌측에 중풍을 맞은 사람은 공간인지능력에 문제가 생긴다. 따라서 언어적인 기능 및 한자의 강점을 살려 회화적으로 풀어나간 이 책을 읽으며 이해만 하여도 뇌력 증진에 많은 도움이 될 것이다.

한자는 우리 고대문명을 이해하고 탐구하는 데 필수불가결한 도구다. 한자는 고대부터 동북아에 살고 있는 모든 사람들이 함께 만들어낸 유산이지 어느 한 민족의 전유물이 아니다. 한자가 중국문자라며 오직 한글만을 고집하는 사람들이 있는데 한글 낱말들 중에는 어원이 한자에서 온 경우가 많다는 것을 알아야 한다. 한글이 소리글자로서 뛰어난 역할을 할 수 있으려면 한자와 병기되어야 한다.

현재 우리가 쓰고 있는 한자가 중국인에게도 옛글자가 되었다는 점 또한 시사하는 바가 크다. 많은 글자를 간략하게 줄여 쓴 간자체는 뜻글자로서의 위력을 상당 부분 상실해가고 있다. 그러나 우리는 아직도 뜻글자로서의 한자를 그대로 활용하고 있어 문화적 사유의 폭을 넓힐 수 있다.

이상 언급한 몇 가지 이유만으로도 그림으로 그려가며 배우는 회화적인 한자는 학문적인 측면에서뿐만 아니라 개인의 건강을 위해서도 매력적인 공부의 대상이 아닐 수 없다.

한자는 곧 인간의 삶을 담은 것

책의 전체적인 기본 구조를 '생로병사'의 관점에서 살펴보았는데 이는 상호간의 소통 수단이었던 언어가 인간의 일평생을 중심으로 만들어졌다는 데 착안한 것이다. 어떠한 대상을 나타낼 때 다른 사물은 한두 글자로 표현한 데 비해 사람의 모습은 너무나도 다양하게 표현하고 있다. 서 있는 사람(人, 亻), 두 팔을 벌리고 서 있는 사람(大), 땅 위에 서 있는 사람(立), 무릎을 꿇고 있는 사람(卩, 巳), 언덕 위 등에서 몸을 웅크리고 있는 사람(勹), 앉아 있는 사람(匕), 몸을 구부려 절을 하는 사람(己), 걸어가는 사람(辵, 廴, 夊), 뛰어가는 사람(走) 등은 물론 눈(目), 코(鼻), 귀(耳), 입(口)과 같은 사람의 신체 각 기관도 구체적이고 다양하게 묘사하고 있다.

사람이 태어나서 늙고 병들어 죽는 것은 누구나 겪어야 되는 숙명이기에 가장 보편적이면서도 기본적인 생활양식이 사람이 태어나서 죽을 때까지의 행로에 담길 수밖에 없었을 것이다. 그래서 이 책에서는 인간이 태어나 죽을 때까지는 물론 죽은 뒤에도 산사람들에 의해 조상신으로 받들어지는 제사에 이르기까지 고대 동양인들의 생활양식을 그림글자인 한자를 통해 알아보고자 노력했다.

최고의 문자, 한자의 진화

그렇다면 그림글자인 한자는 어떤 변화를 거쳐 만들어졌나? 지구상에 현존하는 글자 중 가장 많은 사람들이 사용하고 가장 오랫동안 쓰였으며 가장 많은 글자로 이루어진 한자는 유구한 역사만큼이나 많은 변화를 겪어왔다. 가장 원시적인 형태의 그림으로부터 출발한 한자는 몇 번의 단순화 과정을 겪으면서 오늘날 우리가 쓰는 자형(字形)

으로 변화를 거듭했다.

그럼 본격적인 한자 풀이에 앞서 먼저 이 책에 자주 등장하는 갑골문, 금문, 소전, 설문해자에 관해 간략하게 알아보자.

현존하는 가장 오래된 글자는 '거북의 배딱지(龜甲)'와 '짐승의 뼈(獸骨)'에 새겨진 글자, 즉 갑골문(甲骨文)이다. 제정일치 사회였던 주나라 이전, 주로 나라의 안녕을 빌고 미래를 점치기 위해 갑골(甲骨)을 불에 구워 그 갈라진 금으로 길흉을 판단하고서는 점을 친 날짜와 이유, 그리고 점을 친 사람의 이름 등을 기록해놓았기 때문에 복사(卜辭)라고도 하며, 칼로 새겼기에 계문(契文)이라고도 한다. 현재까지 파악된 글자 수는 대략 5천여 자로 3분의 1가량은 아직도 판독하지 못하고 있다. 이때의 자형에도 한자의 기본구조법인 상형·지사·회의·형성의 제작 원리가 나타나며, 문장의 형태가 이뤄져 소통되었다. 원시적인 갑골문은 청동기 문화가 성립되기 이전의 글자를 말한다.

그리고 춘추전국시대 이전, 청동기에 새겨진 글자를 금문(金文)이라 한다. 악기의 일종인 종(鐘)과 제기(祭器)로 쓰이던 술잔과 솥(鼎)을 주조할 때 쓰는 거푸집에 주로 새긴 글자이기에 종정문(鐘鼎文)이라고도 하며 갑골문과 유사한 자형도 많으나 좀 더 세련된 글꼴을 갖추고 있다. 여기에 새겨진 것은 주로 축복을 기원하는 내용과 함께 주조한 연원, 그리고 기물을 제작한 사람의 이름 등이 기록되어 있다.

다음은 소전(小篆)이다. 춘추와 전국시대의 혼란한 정세를 통일한 진시황(秦始皇)은 원활한 의사소통을 위해 '문자통일'을 단행했는데, 승상이었던 이사(李斯)를 통해 소전이라는 서체로 단순화했을 뿐만 아니라 다양한 글자들을 획일화시켰다. 갑골문과 금문의 회화적 요소들을 단순한 기호의 형태로 바꾼 소전은 현재 자형의 원형이 되었다.

한자를 부수별로 정리 해설한 『설문해자(說文解字)』는 한나라의 허신(許慎)이 10여 년에 걸쳐 서기 100년에 완성한 글자 해설서다. 모두 14편으로 9,353자가 수록되어 있으며, 최초로 부수배열법을 창안하여 한자 형태와 편방(偏旁)구조에 따라 540개의 부수에 따라 분류했다. 당시 통용되던 전서(篆書)를 주요 자형으로 삼아 글자마다 지사·상형·형성·회의·전주·가차라는 6서(六書)법에 따라 글자의 형태를 분석하고 뜻을 해설했으며 발음도 식별했다. 이 책을 쓸 때 지침으로 삼았으며, 본문에서는 이를 간략히 『설문』으로 줄여 표기했다.

차례

1장

사랑의 빛,
생명의 탄생

2장

인간의 성숙,
세상 속에 물들다

3장

내 삶의 배경,
가족의 의미

4장
삶의 고통,
질병의 치료

5장
거스를 수 없는 숙명,
육신의 이별

일러두기

- 그림을 소통수단으로 삼았던 고대인들의 '그림문자'를 재현하려 글자마다 일러스트를 첨부했다.
- 먼저 부록으로 첨부한 '214부수자 해설'을 살펴본 뒤 본문을 읽으면 보다 효과적이다. 한자는 부수와 부수가 만나 새로운 글자를 만들어내는 퍼즐 같기 때문이다.
- 예를 들어 나라 國(국)을 살펴보자.

나라 **국**

나라 國(국)의 구성은 에워쌀 위(囗)와 입 구(口), 그리고 창 과(戈)와 한 일(一)로 이루어졌다. 나라 구성의 요건은 먼저 국민(口), 영토(一), 국방(戈)이 필수적인데, 國(국) 자에는 이 요건이 모두 갖추어져 있다. 즉 백성을 뜻하는 것은 사람의 입 모양을 본뜬 口(구)이며, 사람이 사는 거주지 및 농경지를 뜻하는 땅은 一(일)이, 그리고 영토의 경계는 성곽으로 사방을 에워싼 모양을 본뜬 에워쌀 위(囗)가, 그리고 국민과 영토를 지키는 군사력은 무기를 뜻하는 戈(과)가 의미요소로 쓰여 '나라'란 뜻을 나타냈다.

- 따라서 먼저 그림을 보고서 어떠한 글자인지 연상한 뒤 해설을 읽는 편이 기억력을 높이는 데 도움이 된다.
- 본문에 자주 등장하는 '갑골문', '금문', '소전', '설문해자'라는 용어는 한자의 발전단계를 엿볼 수 있는 키워드이니, 그림글자인 한자의 변화를 숙지하여 한자의 역사성을 살펴보는 것도 흥미로울 것이다.
- 이 책은 한자가 어떻게 구성되어 어떻게 뜻을 담았는지를 보여주는 기본적인 방법을 제시함으로써 다른 한자를 해독하는 데 도움을 주려 하였다.

1장

사랑의 빛,
생명의 탄생

생명의 잉태

빛 **색**

인간에게는 성행위의 욕구가 있다. 이러한 행위를 글자로 표현한 것이 바로 빛 色(색)이다. 빛 色(색)은 서 있는 사람을 상형한 사람 인(人)의 변형인 '⺈' 모양과 꿇어앉은 사람의 모습이 변한 꼬리 파(巴)로 구성되었다. 위에 있는 사람(⺈: 남자)과 아래에 있는 사람(巴: 여자)으로 이루어져 있는데 이는 사랑을 나누고 있는 장면이다. 남녀상열(男女相悅)일 때는 서로의 얼굴에 밝은 빛의 홍조를 띠기 마련이어서 '낯빛'을 뜻하는 글자였지만, 후대로 오면서 색을 나타내는 의미로 확장되었다.

남자의 씨앗인 정자가 여자의 자궁에 주입되는 것을 씨입(氏入)이라 할 수 있는데, 요즘에는 이것이 상스러운 욕인 '씹'으로 전락하고 말았다. 정자가 난자를 만나 새로운 생명이 생겨나는 순간을 그려놓은 글자가 바로 처음 始(시)다.

생명의 시작이 곧 세상의 시작

始
처음 **시**

처음 始(시)는 여자 여(女)와 '나 이 또는 별 태(台)'로 이루어졌다.

女(여)는 모계사회 때 형성된 상형글자로 여 자가 무릎을 꿇고 손을 합장하고서 신에게 기도하는 모습이었다. 台 (이)는 사사로울 사(厶)와 입 구(口)로 구성되었는데, 그 의미를 입가 (口)에 주름(厶)지으며 빙긋이 웃는다 하여 '기뻐하다' 혹은 웃는 주체 인 '나' 자신을 뜻한다.

깊은 의미를 살펴보면 台(이)는 '목숨'을 뜻한다. 즉 목구멍을 뜻하는 '목'은 입(口)이요, 숨구멍을 뜻하는 '숨'은 코(厶)를 말한다. 입을 상형한 口(구)와 더불어 우리 생명을 유지하는 목숨(목:口, 숨:厶)을 의미하고 있 다. 우리가 살아가는 데 가장 중요한 호흡작용과 섭생을 나타낸다. 따 라서 始(시)의 의미는 여자(女)가 새로운 목숨(台)을 잉태한 순간 그 아 이의 생명력이 시작된다는 데서 '처음'이라는 뜻을 부여한 것이다.

胎
아이 밸 **태**

이렇게 시작된 새로 운 생명은 어머니의 자 궁에서 자라게 되는데, 이러한 과정은 胎(태)와

孕(잉) 자에 담겨 있다. 아이 밸 胎(태)는 육달 월(月=肉)과 나 이(台)로 이루어졌다.

肉(육)은 크게 썬 고깃덩이를 뜻하는 상형글자인데, 肉(육) 자가 다른 부수와 합해질 때는 동일한 뜻을 지닌 月(육달 월)로 줄여 쓰이기도 한다. 앞에서 台(태)는 목숨을 뜻한다고 하였다. 따라서 胎(태)는 어머니의 체내(月=肉)에 새로운 생명(台)이 착상되었다는 데서 '아이를 배다', '잉태하다'의 뜻을 지니게 되었다.

어머니 뱃속의 생명체

아이 밸 **잉**

아이 밸 孕(잉)은 새 생명이 어느 정도 자라 배가 불뚝해진 상태를 그리고 있다. 孕(잉) 자는 갑골문에도 보이는데, 사람의 뱃속에 아이(子)를 그려놓았다. 子(자)는 강보에 싸인 아기를 본뜬 상형글자로 머리와 두 팔 그리고 하나의 다리로 묘사하고 있는데, 다리를 하나로 그린 것은 아직 서서 걷지 못하는 '갓난아이'임을 나타내려 한 것이다. 여기서는 어머니의 뱃속(乃)에 있는 아이(子)라는 점으로 볼 때 태아를 상징하고 있다.

이보다 배가 더 불러 만삭이 된 것을 그린 글자가 바로 妊(임) 자다. 아이 밸 妊(임)은 여자 여(女)와 우뚝할 壬(임)으로 이루어졌다.

壬(임) 자의 갑골문 자형은 '工'의 모양으로 되어 있는데, 그 모습이

妊
아이 밸 **임**

마치 짐을 진 것 같다 하여 '짊어지다'의 뜻을 지니고 있다. 壬(임)과 현재의 자형이 같은 壬(정)의 갑골문을 보면 우뚝한 땅(土) 위에 서 있는 사람(亻)을 뜻한다. 이로 미루어볼 때 妊(임)은 배가 만삭이 되어 우뚝하게 부른(壬) 어머니(女)의 상태를 가리킨다.

孢
아이 밸 **포**

아이 밸 孢(포) 자도 있다. 자형의 구성이 아들 자(子)와 쌀 포(包)로 되어 있는데, 한나라의 문자학자 허신은 『설문』에서 "包는 잉태한 모양으로 사람이 아이를 임신한 모양을 본뜬 것이다. 자형의 가운데(巳)는 뱃속에 있는데, 아직은 아이의 형태가 이루어지지 않은 모양을 본뜬 것이다."라고 하였다.

갑골문의 자형을 보면 뱃속에 아이가 들어선 모양이며, 현재 자형 '巳'는 태아의 모습이다. 그러나 이후에 包(포)가 본뜻과는 달리 주로 '싸다', '꾸러미' 등의 의미로 쓰이자, 아들 자(子)를 더해 孢(포) 자를, 육달 월(月)을 더해 태아를 뜻하는 '태보 胞(포)'를 별도 제작하게 되었다.

북두칠성의 기운을 받아서 태어나다

임신과 관련해서 상상력을 동원하여 만든 글자도 있다. 바로 아이

娠

아이 밸 **신**

밸 娠(신)이다. 자형의 구성은 어머니를 뜻하는 여(女)와 '별 진 혹은 때 신(辰)'으로 되어 있다. 辰(신)은 조개가 입을 벌리고 촉수를 내미는 모양을 본뜬 상형글자다. 조개는 달을 비롯한 별들의 운행질서에 따라 일정하게 움직이는 특성을 보이는 점을 감안하여 '별 신' 혹은 '때 신'으로도 쓰인다.

일반적으로 아이를 잉태하여 만삭이 된 어머니(女)는 그 걸음걸이가 조개(辰)처럼 느릿느릿 걷는다는 점에 착안해서 娠(신) 자를 제작한 것으로 짐작할 수 있다. 또한 이 글자에는 고대인들의 삼신(三辰)에 대한 숭배정신이 녹아 있다. 삼신은 태양과 달, 그리고 별을 지칭하기도 하지만 북두칠성의 세 별을 이르기도 한다.

고대 동북아 사람들은 새로운 생명이 잉태될 때 북두칠성(北斗七星)의 신령한 기운을 받아 태어난다고 믿었다. 그래서 죽어 저승으로 갈 때도 관 밑에 북두칠성의 위치를 표기한 칠성판(七星板)을 지고서 왔던 곳으로 되돌아간다고 믿었다. 따라서 娠(신)은 북두칠성(辰)의 기운을 받아 아이를 가진 여자(女)라는 뜻이다.

출산 과정

充

가득할 **충**

어머니의 뱃속에서 자란 아이는 새로운 세상으로 나오게 되는데 그 모습이 充(충) 자에 담겨 있다. 가득할 充 (충)은 어머니 뱃속에서 아이(子)가 거꾸로 선 모습과 사람의 발을 본 뜬 어진사람 인(儿)으로 구성되었다. 즉 만삭의 어머니(儿) 뱃속에서 세상으로 나오기 위해 머리를 자궁 가까이로 돌려 거꾸로 선 아이(子) 의 토실하게 자란 모습으로 그려져 있다. 그 뜻은 10달을 채워 태어나 기 직전의 모습이어서 '채우다', '가득하다'는 뜻을 지니게 되었다.

아이 낳는 모습을 그려내다

이렇게 뱃속에서 10달을 채운 아이는 새로운 세상으로 나오게 되

娩
해산할 **만**

는데, 그 모습을 나타낸 글자가 娩(만) 자다. 해산할 娩(만)은 산모를 뜻하는 女(여)와 면할 免(면, 또는 해산할 문)으로 이루어져 있다. 免(면)은 자형 상부의 사람 인(人)이 변형된 모양(⺈)과 가운데 산모의 엉덩이를 나타낸 옆으로 누인 'ㅁ' 모양, 그리고 사람의 발을 뜻하는 儿(인)으로 이루어져 있다. 즉 아이가 어머니(⺈)의 엉덩이(눕 ㅁ 모양) 밑 다리(儿) 사이로 나오는 모양을 그려내 '해산하다'의 뜻을 부여했다. 그러나 산모가 엄청난 산통으로부터 벗어난 상태라는 점에서 '면하다'는 뜻으로 더 쓰이게 되자 이후에 사람들은 산모를 의미하는 女(여) 자를 더해 娩(만) 자를 별도로 만들게 되었다.

勉
힘쓸 **면**

산모의 고통을 그대로 표현한 것이 힘쓸 勉(면)이다. 아이를 낳는 산모의 모습을 그린 免(면)에 힘 력(力)을 더했다. 力(역)은 끝이 세 갈래인 오늘날의 쇠스랑과 같은 농기구를 본뜬 것이지만 힘을 쓰려 할 때 생기는 알통을 뜻하기도 한다. 아이를 낳는 고통이 얼마나 컸으면 옛 어머니들은 출산에 앞서 댓돌 위의 신발을 바라보며 '이것을 다시 신을 수 있을까?' 생각하며 산실로 들어갔겠는가? '힘쓸 俛(면)' 자 역시 몸을 구부린 채(亻) 아이를 낳기(免) 위해 힘쓰는 모습이 담겨 있다.

본뜻을 잃어버린 流(유) 자

流
흐를 유

아이가 세상으로 나오기 전에 양수가 먼저 터지게 되는데 그 모습을 글자로 그린 게 流(유) 자다. 흐를 流(유)는 물 수(氵)와 깃발 류(㐬)로 구성되었다. 氵(수)는 물줄기가 갈라지고 합해지는 강을 본뜬 물 水(수)를 간략히 세 개의 물방울로 표시한 것으로, 여기서는 양수를 뜻한다.

㐬(류)의 자형 상부는 산모의 자궁에서 막 태어나려는 아이(子)가 거꾸로 머리를 내밀고 나오는 모양이며, 하부의 '川' 모양은 출산 시 먼저 터져 아이의 출생을 돕는 양수를 기호화한 것이다. 그러나 후대로 오면서 㐬(류)가 본뜻을 잃고 '깃발'이란 뜻으로 쓰이자, 양수를 뜻하는 氵(수)를 더해 流(유)를 만들었는데 이 역시 본래의 의미는 거의 상실하고 말았다.

疏
트일 소

양수가 터지고 아이가 새로운 세상으로 나오는 모습을 그린 글자가 트일 疏(소)이며, 이는 발 소(疋)와 깃발 류(㐬)로 구성되었다. 疋(소)는 무릎 아래 종아리와 발을 국부적으로 본뜬 것으로 발은 둘이라는 데서 '짝 필(疋)'로도 쓰인다. 즉 疏(소)는 산모의 양수가 터짐과 함께 아이가 머리를 거꾸로(充) 하고 발(疋)을 이용해 자궁을 벗어나는 행위를 표현한 것으로, '트이다', '통하다'는 뜻을 부여받았다.

冥
어두울 **명**

또한 어두울 冥(명)자에도 출산의 과정이 들어 있다. 명(冥)은 덮을 멱(冖)과 해 日(일), 그리고 六(육)으로 구성되었다. 갑골문에는 이러한 출산 과정이 보다 구체적으로 그려져 있다. 덮을 멱(冖)은 산모의 하복부를 덮어준 천을 뜻하고, 해 日(일)은 아이가 새로운 세상으로 나오는 자궁의 모양이 변화된 것이며, 자형 하부의 六(육)은 양손으로 아이를 받는 산파의 두 손 모양을 나타낸 '두 손으로 받들 공(廾)'이 변화된 것이다. 보통 아기를 받는 산실(産室)은 어둡게 하였기 때문에 '어둡다'라는 뜻을 지니게 된 것이다.

대자연에서 따온 '낳는다'는 의미의 글자

産
낳을 **산**

산모의 모습이 담겨 있지는 않지만 '낳다'라는 뜻을 지닌 글자로 '낳을 산(産)'과 '날 생(生)'이 있다. 낳을 産(산)은 무늬 문(文)과 산기슭 엄(厂), 그리고 날 생(生)으로 이루어졌다. 文(문)

은 가슴에 다양한 형태의 문신이 새겨진 사람의 모양을 본뜬 것이다. 의복이 발달되지 않은 고대에는 동물의 보호색처럼 몸에 다양한 형태의 문신을 새겨 넣는 풍속이 있었음을 오늘날 일부 소수 민족의 전통을 보아 알 수 있다. 이와 같이 文(문)은 본래 '무늬'를 뜻했으나, 초기의 글자가 곧 사물의 문양이나 모양을 본뜬 상형글자로 만들어졌기에 '글자'라는 뜻으로도 확장되었다.

生(생)은 상형문자로 땅(土)에서 풀이나 나무가 싹터 자라나는 모습을 본떠 만든 글자다. 따라서 産(산)에는 산기슭(厂)을 경계로 한 고을마다 그 온도와 습도는 물론 토질이 다르기 때문에 길러서 낳은(生) 물품의 모양과 빛깔(文)이 다르다는 뜻이 담겨 있다.

아이를 낳은 부모의 마음은 어떠했을까?

誕

태어날 **탄**

아이가 태어나면 온 집안의 경사인지라 그러한 정황이 태어날 誕(탄)에 나타난다. 태어날 탄(誕)은 말씀 언(言)과 늘일 연(延)으로 짜여 있다. 言(언)은 입(口)에 나팔 모양의 악기(辛)를 대고서 소리를 낸다는 뜻인데, 言(언)이 들어가는 글자는 입을 통해 소리로 묘사하는 다양한 행동양식을 나타내게 된다.

延(연)은 길게 걸을 인(廴)과 삐침 별(丿), 발 지(止)로 구성되었으며, 廴(인)은 느릿한 발걸음으로 신발을 끌듯이 차분하게 걷는 것을 말한다. 또한 止(지)의 갑골문을 보면 자형 우측의 옆으로 뻗는 모양(-)

은 앞으로 향한 엄지발가락이며 중앙의 세로(丨)와 좌측의 작은 세로(丨)는 각각 발등과 나머지 발가락을, 자형 하부의 가로(一)는 발뒤꿈치를 나타내며 앞으로 향한 좌측 발의 모습을 그리고 있다. 이에 따라 延(연)의 의미는 발걸음(止)을 유별(丿)나게 길게 끄는 듯 걷는다(廴)는 것이다.

따라서 誕(탄) 자는 유별나게 말(言)을 길게 늘여(延) 해도 지나치지 않는 일은 아기가 태어난 날로, 온 가족이 입에 침이 마르도록 자랑을 하는 모습을 담아 새 생명이 '태어남'을 기린다는 뜻을 지니게 되었다. 그러나 다른 사람의 입장에서 보았을 때는 그 자랑하는 말들이 지나치게 과장되었으니 '거짓'이란 뜻도 지니게 되었다.

성장

여자가 아이를 출산하게 되면 '어머니'라는 호칭을 얻게 된다. 자식을 위해 헌신적인 사랑을 베푸는 어머니의 모습은 '기를 육(毓)' 자에 고스란히 담겨 있다.

어머니로서의 역할을 그린 글자들

毓
기를 육

기를 育(육)은 갑골문에 새겨진 기를 毓(육) 자가 소전에 이르러서 간략하게 새롭게 만들어진 자형이다. 기를 毓(육)은 매양 매(每)와 깃발 류(㐬)로 이루어졌다. 每(매)는 비녀를 꽂아 아름답게 치장한 머리 모양의 자형 상부와 모(母)로 구성되었다. '어미母(모)'는 두 손을 마주하고서 다소곳이 앉아 있는 여자의 모양을 본뜬

女(여) 자에 유방을 가리키는 두 점을 강조하여 '아이를 낳아 젖을 주는 여자', 즉 산모(產母)를 뜻하였고, 곧 '어머니'라는 의미로 쓰이게 되었다.

고대에는 다산(多産)이 곧 축복이자 모두가 바라는 염원이었다. 그래서 아이를 많이 낳은 여자는 머리를 올려 예쁜 머리장식의 하나인 아름다운 비녀를 꽂을 수 있었다. 즉 자형 상부는 머리를 올려(丿) 비녀(一)를 꽂은 모양이다. 또한 㐬(류)는 앞에서 말한 바와 같이 아이의 출생을 돕는 양수를 기호화한 것이다.

따라서 毓(육)은 산모(每)가 막 아이를 낳는(㐬) 모습을 글자화한 것이다. 毓(육)의 약자인 育(육)의 자형 상부는 아이(子)를 상형한 것이며, 아래의 '月'은 고기 육(肉)의 간략형으로 몸을 뜻한다. 그래서 育(육) 자에는 어머니가 자녀(子)를 잘 먹여 살(月=肉)이 통통하게 오르도록 길러낸다는 양육(養育)의 뜻이 함축되어 있다.

養

기를 양

어머니의 마음은 기를 養(양) 자에도 담겨 있는데, 그 구성은 양 양(羊)과 밥 식(食)으로 이루어졌다. 羊(양)은 상형글자로 자형 상부는 두 개의 뿔을, 중앙은 통통한 몸통과 네 다리를, 그리고 하부는 꼬리를 그려냈다. 유순하고 깨끗한 양을 고대 사람들은 신에게 바치는 소중한 제물로 여겼다. 그래서 羊(양)이 다른 부수에 더해지면 대부분 '상서롭다'는 뜻을 지니게 된다.

食(식)은 밥그릇의 뚜껑을 그려낸 모일 집(亼)과 고소할 급(皀)으로 짜여 있는데, 皀(급)은 고소한 흰 쌀밥을 그릇 가득 담아놓은 모양을 본뜬 글자임을 갑골문이나 금문을 보면 알 수 있다. 즉 고소한 냄새가 나는 먹음직스러운 밥을 그릇(皀)에 담아 뚜껑(亼)으로 덮어놓은 모양을 본뜬 것이다. 보통명사로서 '밥'을 뜻하기도 하지만 동사로 쓰일 때는 '먹다'라는 의미로 쓰인다. 따라서 養(양) 자에는 먹을 것(食)을 주는 대로 얌전하게 받아먹는 양(羊)처럼 통통하게 살을 찌운다는 뜻이 담겨 있다.

아이를 안은 어머니의 모습이 참 보기 좋다

乳

젖 유

갓난아이를 기르는 어머니의 역할 가운데 가장 중요한 것은 젖을 먹이는 일이다. 젖 乳(유)는 미쁠 부(孚)와 유방의 모양을 그린 'し(은)' 모양으로 이루어져 있다. 孚(부)는 어머니가 아이(子)를 손(爪)으로 감싸 안고 있는 모양인데, 젖(し)을 먹이기 위한 모습을 그린 것이다. 또한 어머니가 아이의 청결을 위해 따스한 물(氵)에 씻기는 모습(孚)을 담은 글자가 뜰 浮(부) 자이다.

好

좋을 호

그리고 어머니가 아이를 다정스럽게 안고 있는 모습을 담아낸 글자가 좋을 好(호)다. 좋

六藝(육예)_예악사어서수(禮樂射御書數:도덕, 음악, 활쏘기, 말타기, 서예, 산수)는 옛날 귀족계급 아이들이 배워야 할 주요 여섯 과목이었다.

을 好(호)를 해석하면서 여자를 뜻하는 女(여)와 남자를 의미하는 子(자)로 보고서 남녀가 서로 끌어안고 있으니 좋을 수밖에 없다고 해석하는 경우도 있는데, 이는 잘못된 것이다. 어머니(女)가 순진무구한 아이(子)를 따스한 품에 안고 있는 정겨운 모습을 그린 것으로, 그 모습은 누가 보아도 좋고 아름답기 때문에 '좋다', '아름답다' 등의 뜻을 부여한 것이다.

保
지킬 **보**

아직 아무것도 모르는 갓난아이는 어머니의 품에서뿐만 아니라 포대기에 싸서도 조심스럽게 길러야 할 필요가 있었다. 지킬 保(보)에 그 뜻이 담겨 있다. 지킬 保(보)는 사람 인(亻)과 어리석을 매(呆)로 되어 있다. 亻(인)은 서 있는 사람을 옆에서 본 모양을 상형한 것으로 여기서는 어머니를 뜻한다. 呆(매)는 강보에 싸인 갓난아이를 상형한 것으로 자형 상부의 'ロ' 모양은 아기의 머리를 표현한 것이며, '木' 모양에서 가로 획(一)은 아이의 두 팔을, 가운데의 'ㅣ' 모양은 아이의 다리를 뜻한다. 그리고 '八' 모양은 초기 글자인 갑골문에는 없었는데 소전에 이르러 더해진 것으로 포대기를 뜻한다고 볼 수 있다.

강보에 싸인 아이는 아무것도 모른다는 데서 '어리석다', '지키다'의 뜻을 지니게 되었다. 따라서 保(보) 자는 어머니(亻)가 아이를 포대기에 휩싸(呆) 따스한 품에 안거나 혹은 업고 있다는 데서 '보호하다', '지키다'의 뜻을 지니게 되었다.

교육이란 아버지의 가르침과 어머니의 길러냄을 의미

教
가르칠 교

어머니가 아이의 양육에 힘을 썼다면 아버지는 바깥세상의 일을 가르쳤는데 가르칠 教(교) 자에 이러한 뜻이 담겨 있다. 가르칠 教(교)는 효 爻(효)와 아들 자(子), 그리고 칠 복(攵)으로 이루어졌다. 이 教(교) 자는 갑골문에 새겨진 자형을 비교적 온전하게 유지해오고 있는 글자 중 하나이다.

자형 상부의 爻(효)에 대해 『설문』에서는 "爻는 교차한다는 뜻이다. 易(역) 六爻(육효)의 앞머리가 교차하는 것을 본떴다."라고 하였다. 갑골문에 새겨진 그림에는 점을 치거나 숫자를 셀 때 썼던 산가지가 흩어져 있는 모양이다. 대부분 자형에 爻(효)가 첨가되면 배울 학(學)이나 깨달을 각(覺)에서처럼 '가르침을 주는 교재'의 뜻을 지니게 된다. 옛날에는 귀족 계급의 아이들에게 육예(六藝), 즉 禮(예: 도덕), 樂(악: 음악), 射(사: 활쏘기), 御(어: 말타기), 書(서: 서예), 數(수: 산수)를 주요 과목으로 가르쳤다.

子(자)는 두 팔을 벌린 어린아이의 모양을 본뜬 상형글자다. 攵(복)은 攴(복)의 간략형으로 손(又)에 회초리(卜)를 들고서 친다는 뜻을 지녔다. 따라서 教(교) 자에는 아버지가 회초리(攵)를 들고서 아이(子)에게 세상의 이치(爻)를 가르치고 있는 모습이 그대로 담겨 있다고 하겠다. 이에 따라 教育(교육)이란, 아버지는 회초리를 들고서 세상살이의 이치를 가르치고(教), 어머니는 잘 먹여 튼실하게 길러냄(育)을 말한다.

옛사람의 눈에 비친 아이들의 모습

어린아이의 웃음소리는 해맑다. 예나 지금이나 꾸밈없는 아이들의 모습은 어른이 되어서도 닮고자 하는 품성이다. 옛사람들은 동심(童心)으로 되돌아가는 것을 수양(修養)의 목표로 삼기도 하였다.

숨골이 채 닫히지 않은 아이를 나타낸 글자들

兒
아이 **아**

어머니의 품속에서 자라야 할, 아직 숨골도 여물지 않은 아이의 모습은 아이 兒(아)에 담겨 있다. 그 구성은 절구 구 (臼)와 어진사람 인(儿)으로 짜여 있다. 여기서 臼(구)는 절구라는 의미보다는 머리의 숨골이 아직 여물지 않은 모습으로, 머리 중앙의 숨골 (臼)이 아직 단단하게 닫히지 않은 어린아이(儿)를 뜻한다.

남녀칠세부동석(男女七歲不同席)이라 하였다. 옛사람들도 성적인 특징인 성징이 발달하기 시작하는 일곱 살부터 남자아이와 여자아이를 구분한 것이다. 남자아이에게는 사람 인(亻)을 더해 '어린이 倪(예)'로, 그리고 여자아이에게는 여자 여(女)를 더해 아양을 잘 떠는 '갓난아이 婗(예)'로 구분하여 불렀다.

幼
어릴 **유**

어린아이들에게는 아직 그 힘이 미약하다는 뜻을 담은 글자가 어릴 幼(유)다. 가느다란 실을 뜻하는 사(糸)의 밑 부분이 생략된 작을 요(幺)는 '작다'는 본뜻 외에도 '약하다', '미미하다'는 파생된 뜻이 있어 幼(유)는 아직 그 힘(力)이 미약(幺)한 '어린애', 또는 '어리다'를 뜻한다.

嬰
아이 **영**

그리고 천진난만한 아이의 모습을 그린 것이 아이 嬰(영)이다. 그 구성은 조개를 줄에 꿴 모양의 목걸이 영(賏)과 여자 여(女)로 이루어졌는데, 조개껍데기를 실에 꿰어(賏) 목에 걸고 있는 여자아이(女)의 모습이다. 또한 부유한 사람들은 어린아이(嬰)에게도 값비싼 옥(玉)으로 만든 목걸이를 해주었음을 瓔(구슬목걸이 영)자를 통해 알 수 있다.

그 유래가 끔찍한 아이 童(동)

아이 **동**

현재 우리에게 친숙하게 다가오는 아이 童(동)의 유래를 살펴보면 참으로 끔찍하다. 인류 역사시대 초기에 이민족 간의 무시무시했던 다툼이 그대로 드러나 있다.

아이 童(동) 자의 갑골문을 살펴보면 현재의 자형과는 아주 다르다. 자형 상부의 '立(입)'은 본래는 노비나 죄인의 이마나 팔뚝에 먹물 문신을 뜨는 꼬챙이를 상형한 '매울 辛(신)'의 간략형이다. 辛(신)은 본래 '죄'를 뜻하였으나 묵형(墨刑)을 당할 때의 고초가 몹시도 매서웠기 때문에 '맵다'와 '살상'의 뜻으로까지 확대되었다.

童(동)의 자형 하부는 겁에 질려 눈을 크게 뜬 사람의 모습으로 그려져 있다. 노예나 죄인임을 표시하기 위해 꼬챙이로 문신을 뜨는 모습이 곧 童(동) 자의 본래 모양이다. 갑골문과 금문, 그리고 대대적으로 간자화(簡字化)가 이루어진 진시황의 문자 통일의 유물인 소전을 거치면서도 여전히 童(동) 자에는 초기 글자의 흔적이 남아 있다.

그래서였는지 한나라의 문자학자 허신도 『설문』에서 童(동)을 "남자가 죄를 지으면 노예가 되는데 이를 童(동)이라 부르고, 여자인 경우에는 妾(첩)이라고 불렀다."라고 하였다. 그러나 후대로 오면서 '어린아이'라는 의미로 가차(假借)되어 널리 쓰이자 본뜻을 보존하기 위해 '아이', '하인', '두려워하며 삼가는 모양'의 뜻을 지닌 '僮(동)' 자를 별도로 제작하기도 하였다.

동구 밖에서 모둠발로 부모를 기다리는 아이들

童
아이 동

동(童) 자를 또 다른 관점에서 해석하면 전혀 다른 의미로 만들어졌다고 볼 수 있다. 아이 童(동)은 설 입(立)과 마을 리(里)로 구성되었다. 立(입)은 두 팔과 다리를 벌리고 서 있는 사람(大)이 드넓은 땅(一) 위에 있는 모습을 그린 상형글자다. 나중에는 그 뜻이 확대되어 사람에 국한하지 않고 '서 있거나', '세우다'라는 의미를 갖게 되었다.

里(리)는 밭 전(田)과 흙 토(土)로 이루어졌다. 田(전)은 경작지를 두둑으로 경계 지은 모양을 그대로 본뜬 상형글자다. 물(水)을 이용해 벼농사를 짓는 경작지(田), 즉 논 畓(답)은 우리나라에서만 통용되는 글자다. 土(토)는 갑골문에는 흙무더기를 쌓아놓은 모습이나 일부에서는 땅(一)에 초목(十)이 나는 모습을 본뜬 글자라고도 한다. 이에 따라 里(리)는 일정한 농토(田)와 땅(土)을 중심으로 사람들이 모여 사는 곳, 즉 마을을 뜻하게 되었다.

이러한 정황을 종합하여 童(동)을 해석하면, 어른들이 일터나 멀리 장터로 나가면 아이들은 마을(里) 어귀에서 놀다가 해질녘이면 부모님이 언제나 돌아올까 하며 모둠발로 서서(立) 기다린다는 것이다.

믿기 어려운
장자(長子)의 의미

요즘이야 한 가정에 아들딸 구별 없이 자식을 하나둘 낳는 것이 일반적이지만 불과 한 세대 전만 해도 네다섯은 기본이었다. 자식 수야 어찌됐든 변하지 않는 사실은 인류가 존재하는 한 맏아들, 즉 장자에게는 늘 해야 할 역할이 있어왔다는 것이다. 더욱이 과거 대가족제도 하에서는 장자의 역할이 당연히 클 수밖에 없었다. 맏아들에 대한 고대인들의 생각이 어떠했는지는 孟(맹) 자에 감춰진 뜻을 살펴보면 알 수 있는데 여기에는 실로 끔찍하고도 놀라운 사실이 숨어 있다.

천지신명에게 바쳐지거나 잡아먹힌 큰아들

맏 맹

맏 孟(맹)은 아들 자(子)와 그릇 명(皿)으로 이루어졌다. 이 孟(맹) 자는 고대인들의 맏아들에 대한 인식이 담겨 있는 몇 안 되는 글자 중 하나이다. 자형의 상부를 이루고 있는 子(자)는 강보에 싸인 아기를 본뜬 상형글자로, 머리와 두 팔 그리고 하나의 다리를 묘사하고 있다. 다리를 하나로 그린 것은 아직 서서 걷지 못하는 '갓난아이'임을 나타내려 한 것이다. 皿(명)은 음식을 담을 수 있는 넓은 그릇을 본뜬 상형글자다. 본디 제기용 그릇이었지만 보통의 '그릇'을 대표하는 명사가 되었다. 커다란 제사용 그릇(皿)에 아기(子)를 담은 모습인데, 그에 대한 설명을 받아들이기가 쉽지 않다.

고대 중원(中原)의 일부 지역에서는 맏아들을 잡아먹는, 상상하기조차 쉽지 않은 풍속이 있었다. 이러한 풍습에 대해서는 『묵자(墨子)』에 기록되어 있다. "초나라의 남쪽에는 사람을 잡아먹는 교나라가 있는데, 그 나라에서는 맏아들을 낳게 되면 신선한 고기처럼 잡아먹는데 이는 마땅히 동생을 위해서라고 한다. 맛이 좋은 것은 군왕에게 바치는데, 그 군왕이 기분이 좋으면 그 아버지에게 상을 내린다. 어찌 흉악한 풍속이 아니겠는가?(楚之南 有啖人之國者橋 其國之長子生 則鮮而食之 謂之宜弟 美則以遺其君 君喜則賞其父 豈不惡俗哉)"

또한 춘추시대의 군왕인 제환공(齊桓公)과 그의 일급 요리사인 역아(易牙)에 얽힌 이야기 역시 괴기스럽기 짝이 없다. 즉 역아가 자신의 맏아들을 요리해 군왕에게 바치자 아주 맛있게 먹었다고 전한다. 고대인들이 맏아들을 잡아먹거나 제물로 바치는 풍속에 대해 학자들 사이에서는 대체로 두 가지 해석이 분분하다.

첫째는 아직 정상적인 혼인의 예식이 정착되기 이전인 고대에는 약탈혼이 성행했는데, 빼앗아온 여자가 낳은 첫아이는 자신의 아이가 아닐 가능성이 높아 혈통으로 인정할 수 없다는 인식 때문에 생긴 풍습이 장자 제물이라는 것이다.

둘째, 지금도 전해오는 풍속 중 햇곡식이나 그것으로 빚은 술 등 맨처음 생산된 것을 천신과 조상신에게 바치는 고대인들의 의례 중 하나가 장자 제물이라는 것이다.

이러한 인식에서 비롯된 孟(맹) 자는 후대로 오면서 그 의미가 변했다. 약탈혼이 아닌 정해진 배필과의 만남으로 맏아들(子)을 낳으면 제기용의 큰 그릇(皿)에 올려 조상신에게 안녕을 빌 뿐만 아니라 맏아들을 중심으로 가문이 이어지고 번성하기를 기원했다는 점에서 '맏아들'이란 뜻을 갖게 된 것이다.

동생들을 공평하게 보살펴야 했던 장자(長子)

형 곤

맏아들을 뜻하는 또 하나의 글자가 昆(곤) 자다. 형 昆(곤)은 해 일(日)과 견줄 비(比)로 구성되었다. 日(일)은 태양을 본뜬 상형자다. 갑골문이나 금문에는 해의 둥근 모양 가운데에 점(ヽ) 혹은 '一'과 같이 한 획을 그려 넣었는데, 그 의미에 대해서는 여러 주장이 있다. 그 중 점 혹은 '一'의 한 획이 태양의 흑점(黑點)이라는 설과 검은 까마귀라는 주장이 있는데, 후자의 주장은 태양과 세발 까마귀를 숭배한 고대 사람들의 신화적 이야기가 반영된 것으로 보는 게 타당할 것 같다.

比(비)에 대해 『설문』에서는 "比는 친밀하다는 뜻이다. 두 개의 人

(인)으로 구성되면 从(종)이 되고, 从이 반대로 되면 比(비)가 된다."라고 하였다. 갑골문의 자형들을 살펴보면 같은 뜻의 글자라 하더라도 그 구성 부수의 순서나 위치가 바뀌는 경우가 많은 점을 고려할 때, 从(종)이나 比(비)는 같은 의미를 지닌 글자로 보인다.

그러나 후대로 오면서 从(종)은 두 사람이 서로 따라간다는 뜻으로 정해지면서 현재 쓰이는 쫓을 從(종)의 옛글자로서뿐만 아니라 요즘에는 이의 간체자(簡體字)로도 쓰이고 있다. 比(비)는 두 사람이 어깨를 나란히 하고서 앉아(匕) 있는 모양으로 해석된다. 그래서 昆(곤)은 햇빛(日)이 모든 사물을 나란히(比) 비춘다는 의미에서 '같다'는 뜻과 함께 '맏이'라는 뜻으로 확장되었다. 즉 태양(日)이 고루 빛을 비추듯이 여러 동생들(比)을 어느 한쪽으로 치우침 없이 보살펴야 한다는 상징적 의미를 부여받은 것이다.

조상신에게 가족의 안녕을 빌었던 장자

맏 윤

맏아들을 뜻하는 또 다른 글자는 바로 允(윤)이다. 맏 允(윤)은 사사로울 사(厶)와 사람의 발 모양을 강조한 사람 인(儿)으로 구성되었다. 厶(사)에 대해 『설문』에서는 '厶는 간교하고 사악하다는 뜻'이라며 한비자가 말한 "창힐이 글자를 만들 때 자신만을 위해 경작한다는 의미로 厶(사)를 만들었다."는 내용을 부기(附記)하고 있다. 이는 고대의 조세제도와 관련된 공전(公田)과 사전(私田)을 이르는 것이다. 일정 부분의 땅을 9등분하여 가운데는 공전으로, 외곽은 사전으로 운용했던 제도다.

갑골문에 새겨진 公(공)에 쓰인 자형 하부의 厶(사)는 사람의 입을 상형한 口(구)가 변형된 것임을 알 수 있다. 아마도 자기 것만을 주장하는 입(口) 모양을 달리 세모꼴로 비틀어(厶) '사사롭다', '사악하다'는 뜻을 부여한 것으로 보인다. 允(윤)의 고문자를 보아도 분명 사람(儿) 모양에 입(口)을 강조한 것으로 되어 있다. 그래서 허신은 允(윤)에 대해 '信也(믿음이다)'라고 해설하고 있는데, 제사를 지낼 때 맏아들이 무릎을 꿇고서(儿) 신에게 축원(厶=口)하는 모양을 그린 것이다.

兄

형 형

이러한 역할을 보다 구체적으로 강조한 것이 형 兄(형) 자다. 뭔가 지시를 내리거나 뭔가를 알리는 입(口)이 강조된 사람(儿)이라는 뜻이다. 즉 형(兄)은 아우를 말로써 타이르거나 또는 형제를 대표해 조상신이나 천신(示)에게 축문을 아뢰는 사람(兄)이라는 의미가 빌 祝(축)에도 담겨 있다. 兄(형)이란 고대 사회에서 매우 중요한 제사를 지낼 때 무릎을 꿇고서 신에게 고하는 역할을 맡은 사람으로, 주로 맏이가 그 역할을 했기 때문에 형제 중 장자를 의미하기도 하였다.

2장

인간의 성숙,
세상 속에 물들다

아이가 어른으로
인정받는 관례

아동이라 불린 어린아이가 점점 남녀로서의 특징이 나타나면서 소년, 소녀가 된다. 소년(少年)과 소녀(少女) 글자에 담긴 의미를 구체적으로 알아보자.

작다와 적다는 의미를 나타낸 점들

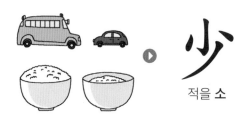

少

적을 소

아직 어리다는 뜻을 지닌 글자가 적을 少(소)다. 초기 글자인 갑골문을 살펴보면 '작다'는 뜻을 지닌 '小(소)'는 세 개의 점으로, 그리고 少(소)는 네 개의 점으로 표시되었다. 두 글자 모두 작은 뭔가를 표시한 것으로 새겨져 있다. 이러한 小(소)에 대해『설문』에서는 "小는 사물이 아주 작다는 뜻이며 八로 구성

되었다."라고 하였다. 즉 어떤 사물(丨)을 반으로 나누었기(八) 때문에 작아졌다는 의미로 해석하고 있다. 또한 少(소)에 대해서는 小(소)를 의미요소로, 'ノ' 모양을 소리요소로 파악했다.

일반적으로 小(소)는 어떠한 사물이 '작다'는 뜻으로, 그리고 少(소)는 '적다'는 의미로 구분하여 쓰고 있다.

해 년

나이와 해를 뜻하기도 하는 해 年(년)은 본래 자형인 秊(년) 자를 간략화한 글자다. 갑골문에는 익은 곡식의 이삭(禾: 벼화)을 머리에 이고 있는 사람(子)의 모습을 상형한 것으로 '곡식을 수확하다'가 본뜻이었으나, 주나라로 오면서 곡식을 대표하는 벼가 일모작만 가능한 북방의 날씨 탓에 '한 해'라는 뜻으로 쓰이기 시작했다. '나이'와 '시대'라는 뜻으로도 확장되었다.

10여 세 이하의 어린아이는 '兒'와 '童'이라는 한 글자로 표현할 수 있었지만, 청소년은 달리 표현하기가 어려워 '나이가 적은 남자'라는 뜻을 합성해 '少年(소년)'이라 한 것이다.

여자 여

같은 또래의 여자는 '少女(소녀)'라 하였다. 합성자인 여자 女(여)는 본래는 무릎을 꿇고서 두 손을 모아 신에게 '기도 하는 사람'을 그린 상형글자였다. 모계사회에서는 남자보다는 여자가 중심이 되어 제사를 주도했는데, 이후 부계사회로 넘어오면서 '여자'를 지칭하는 대명사가 되었다.

남녀 모두 머리를 올려야 성인으로 인정

아직 성인이 되지 않은 소년과 소녀는 더벅머리나 혹은 댕기머리로 처녀 총각임을 표시했다. 그러나 남녀 모두 나이 스물이 되면 관례(冠禮)를 치르게 되는데, 남자는 성년을 의미하는 상투를 틀고 갓을 쓰고 다닐 수 있었으며 여자는 머리를 땋아 올리고 비녀를 꽂았다. 유교적 풍습은 본래 스무 살에 관례를 하고 그 이후에 혼례를 하는 게 원칙이었으나, 조혼(早婚) 풍속이 성행하자 이 둘을 병행하기도 하였다. 그러면 나이 스물을 지칭하는 '弱冠(약관)'의 의미를 알아보자.

弱
약할 **약**

약할 弱(약)은 두 개의 활 궁(弓)과 'ㅣ' 모양이 겹친 모양(彡)으로 구성된 회의글자다. 弓(궁)에 대해 『설문』에서는 이렇게 설명하고 있다. "弓은 도달한다는 뜻이다. 가까운 곳에서 멀리까지 도달하는 것이며, 상형글자다. 옛날에 揮(휘)라는 사람이 활을 만들었다. '육궁이 있는데, 왕궁(王弓)과 고궁(弧弓)은 갑옷이나 과녁에 쏘는 데 쓰이고, 협궁(夾弓)과 유궁(庾弓)은 들개가죽으로 만든 과녁이나 날짐승과 들짐승을 쏘는 데 쓰이며, 당궁(唐弓)과 대궁(大弓)은 배우려는 자가 쏘는 활이다.'라고 『주례(周禮)』에 전한다."

갑골문의 자형은 활의 모양을 그대로 그린 모양이며, 금문에 와서 활시위를 매지 않은 모양으로 변화했다. 이는 활시위를 쓰지 않을 때 풀어둠으로써 활의 탄력성을 높이려 했던 것이다.

자전에서는 弱(약)의 구성 요소를 弓(궁)으로 분류하고는 있지만, 이에 대해 몇 가지 풀이가 있다. 하나는 활로 보는 것인데 '오래된 활의 시위가 끊어져 너덜거리는 모양'을 겹쳐놓은 것으로 활시위가 낡았으니 당연히 '약하다'는 것이다. 다른 하나는 '새끼 새가 두 날개를 늘어뜨린 모양' 혹은 '구부정한 나무를 본뜬 모양'이라는 설 등을 제시하며 '약하다'의 뜻으로 풀이하고 있다.

갓 관

갓 冠(관)은 덮을 멱(冖)과 으뜸 원(元) 그리고 손을 뜻하는 마디 촌(寸)으로 이루어졌다. 冖(멱)은 천이나 수건 등으로 어떤 물건을 덮은 모양을 본뜬 것이다. 元(원)은 사람의 머리를 나타내는 二(이)와 사람의 다리 모양을 표현한 儿(인)으로 구성되었는데, 특히 인체의 머리(二)를 강조하여 '머리', '으뜸', '두목' 등의 뜻을 부여했다. 따라서 冠(관) 자는 사람의 머리(元) 위에 천으로 만든 모자, 즉 갓을 손(寸)으로 씌워주는(冖) 모양으로, 고대의 성년식인 관례(冠禮)를 치르는 모습을 담아 '갓'이라는 뜻을 부여했다.

이로 미루어볼 때 '弱冠(약관)'이란 남자가 나이 스물이 되어 관례를 치르는 것을 말하는데, 약년(弱年, 若年) 혹은 약령(弱齡)이라고도 한다.

그러나 관례는 사회 전반적으로 이루어지기가 어려워 혼례식으로 대신하기도 하였다. 그래서 남녀 모두 머리 형태에 따라 결혼한 어른과 미혼인 처녀총각을 구분했다.

혼례를 통해 지아비(夫)나 지어미(婦)가 되면 남자는 상투를 틀어 올려 갓을 쓰고 여자는 머리를 틀어 올려 비녀를 꽂아 임자 있는 몸임을 알렸다. 반면 처녀총각은 머리를 땋아 내려 아직 임자 없는 몸임을 상징적으로 나타냈다.

弱冠(약관) 冠禮(관례)_남녀 모두 나이 스물이 되면 관례를 치르게 되는데, 남자는 성년을 의미하는 상투를 틀고 갓을 썼으며 여자는 머리를 땋아 올리고 비녀를 꽂았다.

추심(推尋)과
예물의 의미

요즘에는 대개가 연애결혼을 하지만 불과 몇 십 년 전만 하더라도 매파(媒婆)를 통한 중매결혼이 많았다. 이때 양가에서는 상대 집안의 내력을 파악하기 위해 특정인을 시켜 추심(推尋)을 하였다.

돌다리도 두드려보는 옛사람들의 신중함이 곧 추심

推
밀 추

밀 推(추)는 손 수(扌)와 새 추(隹)로 이루어졌다. 扌(수)는 다섯 손가락의 모양을 그대로 본떠 만든 상형글자 手(수)의 약자로 쓰기 편하게 한 획을 줄인 것이다.

隹(추)에 대해 『설문』에서는 "隹는 꽁지가 짧은 새들을 아우른 명칭이며 상형글자이다."라고 하였다. 꼬리가 긴 새는 鳥(조)라 하며, 비교적 짧은 꽁지를 가진 참새나 도요새 등을 지칭하는 글자를 나타낼 때는 隹(추)에 다른 부수를 더해 雀(참새 작)이나 雒(도요새 금)처럼 활용했다. 따라서 推(추)는 새(隹)가 날개를 펼치고 적을 밀어내듯이 손(扌)을 써서 '떠밀다' 또는 '옮기다'는 뜻을 지니게 되었다.

찾을 심

찾을 尋(심)은 복잡한 것 같지만 자형 모두가 손의 요소들로 구성되었다. 자형 상부의 'ㅋ' 모양은 손으로 뭔가를 잡은 모양이지만 여기서는 자형 중간의 '工' 및 '口'와 어우러져 左右(좌우), 즉 왼손과 오른손을 나타낸다. 左(좌)는 왼손 좌(屮)와 장인 공(工)으로 이루어져 있는데, 그 뜻은 왼손(屮)으로 곡척(曲尺)과 같은 공구를 잡고서 오른손의 쓰임을 돕는다는 것으로 '돕다'가 본뜻이었으나 '왼손'이라는 의미로 쓰이자 사람 인(亻)을 더해 '돕다'라는 뜻을 살리기 위해 '도울 佐(좌)'를 별도로 만들었다.

右(우)는 오른손을 뜻하는 又(우)와 입 구(口)로 구성되었다. 자신이 아닌 남을 도울 때는 주로 오른손(又)을 사용하면서 입(口)도 거들게 되는 것처럼 '돕다'가 본뜻이었는데, '오른손'이라는 의미로 쓰이자 사람 인(亻)을 더해 '도울 佑(우)'를 별도로 제작했다.

그리고 寸(촌)에 대해 『설문』에서는 "寸은 10分(분)의 길이다. 사람의 손끝에서 손목 쪽으로 1寸을 거슬러 맥이 뛰는 곳을 촌구(寸口)맥이라 하며 又(우)와 一(일)로 구성되었다."라고 하였다. 寸(촌)이 단독으로 쓰일 때는 '마디'나 '촌수', '마음', '헤아리다' 등의 뜻으로 쓰이는

데, 여기서는 '헤아리다'의 의미로 사용되었다. 따라서 尋(심)은 좌우(左右) 양손을 이용하여 뭔가를 헤아려(寸) 찾아내거나, 또는 좌우(左右) 양팔을 벌려 잰 길이를 기준삼아 사물의 길이를 헤아려(寸) 뭔가 일의 실마리를 '찾아내다'는 뜻을 지니게 되었다.

그러므로 '推尋(추심)'이란 누군가를 추천하여 그로 하여금 어떤 일의 실마리를 알아보거나 찾아내는 것을 말한다. 돌다리도 두드려본다는 옛사람들의 조심성과 준비성을 나타낸 단어다. 특히 인륜지대사인 결혼은 그 중요성이 큰 만큼 주로 배우자가 될 상대의 집안 내력은 물론 당사자의 이력을 소상히 알아본다는 의미로 쓰였다.

주고받는 예물로 가풍을 알리다

예나 지금이나 남녀의 결혼은 두 집안의 중대한 일로 약속과 믿음의 뜻으로 예물(禮物)을 교환하는 게 상례였다. 사는 형편에 따라 그 예물의 종류가 달라질 수는 있다. 무엇보다 중요한 것은 결혼 당사자들의 화목(和睦)하고자 하는 마음이며, 오가는 예물로 양가 집안의 가풍을 알렸다.

예도 예

예의범절은 물론 조상 섬기기를 무엇보다 중요하게 여겼던 옛사람들의 의식이 고스란히 禮(예) 자에 담겨 있다. 예도 禮(예)는 보일 시(示)와 풍성할 풍(豊, 굽 높은 그릇 례)으로 이루어졌다. 示(시)는 제사를 지내기 위한 제단(祭壇)을 본뜬 상형글자다. 자형 상부의 一(일)은 조상신이나 천신에게 올린 제물을, 가운데 자형(丁)은 제단을, 그리고 좌우로 삐친 자형(八)은 제물에서 흘러나온 피를 의미하는 것이다.

豊(풍)의 본래 자형은 '豐(풍)'으로 제사용 그릇을 상형한 豆(두) 위에 또 다른 그릇(凵)을 올려 온갖 제물을 예쁘게(丰: 예쁠 봉) 쌓아올린 데서 '풍성하다'는 뜻을 지니게 되었으며 禮(예)의 옛글자다. 후대로 오면서 현재의 자형으로 변했는데 그다지 의미의 변화는 없다. 즉 豊(풍)의 구성 요소인 굽을 曲(곡)은 대나무나 싸리나무로 만든 비교적 큰 옹기를 뜻하고, 豆(두)는 뚜껑(一)을 덮어 따뜻한 국물을 담을 수 있는 발(ㅛ)이 달린 비교적 작은 그릇(口)을 의미한다.

따라서 예(禮)에는 신에게 올리는 제단(示)에 옹기(曲)와 종지(豆) 가득 풍성하게 제물을 담아 정성을 바친다는 뜻이 담겨 있다.

물건 물

물건 物(물)은 소 우(牛)와 말 물(勿)로 구성되었다. 牛(우)는 소의 뿔과 몸통을 강조한 상형글자다. 소(牛)는 한 가정의 재산목록 중 상위를 차지할 만큼 큰 물건(物件)이다.

勿(물)에 대해 『설문』에서는 "勿은 큰 고을이나 작은 마을에 세운 깃발을 말한다. 깃대의 모양을 본뜬 것으로 세 개의 깃발이 있는데, 여러 색의 천을 사용하며 깃 폭의 상하를 다르게 한다. 이것으로써 사람들을 모이게 하기 때문에 다급히 모이는 것을 '勿勿'이라 한다."라고 하였다. 갑골문에도 보이지만 학자들의 해석이 각양각색이다. 그러나 현재 주로 '부정'과 '금지'의 뜻으로 쓰이는 것으로 미루어 신성한 장소의 출입을 금하는 깃발로 생각된다. 장대 끝에 세 가지 색의 깃발을 매단 모양의 상형글자로 신성한 의미를 담아 특정 지역에 드나드는 것을 금지(禁止)하는 뜻을 내포하고 있지만, 여기서는 얼룩무늬라는 뜻으로 쓰였다.

따라서 物(물)에는 소(牛) 중에서도 얼룩무늬(勿)가 들어간 칡소를 최고의 '물건'으로 여긴다는 뜻이 담겨 있으며, 모든 존재를 뜻하는 '만물', '사물' 등은 확장된 뜻이다.

이상에서 살펴본 바와 같이 '禮物(예물)'이란 본래는 천신이나 조상신에게 풍성하게 올리는 가장 좋은 품목으로 구성된 제물을 의미했지만, 요즘에는 결혼과 함께 양가에서 주고받는 물품을 뜻하는 것으로 그 의미가 격하되었다.

혼배(婚配)라는 글자에 담긴 결혼 풍속

남녀 두 사람이 만나 한 가정을 꾸리는 결혼(結婚)은 인륜지대사(人倫之大事)로 각자의 삶에 있어서도 중대한 일이다. 그래서 옛사람들은 혼배성사(婚配聖事)라 하여 지극히 성스러운 일로 받아들였다. 혼배(婚配)라는 단어 속에는 옛 결혼 풍속을 그려낼 수 있는 문화양식이 담겨 있다.

해가 진 밤에 신부 집에서 예식을 올린 까닭

婚
혼인할 혼

혼인할 婚(혼)은 여자 여(女)와 어두울 혼(昏)으로 이루어졌다. 女(여)는 두 손을 마주하고서 다소곳이 앉아 있는 여자의 모양을 본뜬 상형글자다. 昏(혼)의 현재 자형은 각시 씨(氏)와 날

일(日)로 되어 있지만, 초기 글자인 갑골문을 보면 氏(씨)가 사람 人(인)의 변형임을 알 수 있다. 즉 해(日)가 사람(人)의 발밑 땅속으로 들어가 버렸으니 해가 진 어두운 밤을 뜻했다. 현재 자형의 氏(씨) 또한 땅속으로 내린 나무의 뿌리를 본뜬 것이니 해가 진 밤이라는 뜻을 표현하는 데에 큰 차이는 없다.

婚(혼)의 의미는 해(日)가 저문(氏) 때의 여자(女) 집을 뜻한다. 옛날에는 신랑이 장가(丈家: 장인장모가 사는 집)들기 위해서는 신부의 집으로 가 저녁 무렵에 결혼식을 치렀다. 보통 결혼식은 봄이나 가을에 치르는데, 이 계절은 씨 뿌리고 가을걷이로 바쁜 농번기였기 때문에 일을 끝내고 보다 많은 사람들이 참석할 수 있는 저녁시간을 택한 것으로 보인다.

酉己

짝 배

짝 配(배)는 닭 유(酉)와 몸 기(己)로 구성되었다. 酉(유)는 12지지(地支) 가운데 열 번째 동물인 '닭'을 뜻하기도 하지만, 본래의 의미는 술 항아리를 본뜬 상형글자다. 그 의미를 보다 명확히 하고자 액체라는 뜻의 氵(물 수)를 더해 酒(술 주)를 따로 제작했다. 己(기)는 여섯째 천간(天干)을 뜻하기도 하지만, 여기서는 사람이 무릎을 꿇고 몸을 숙여 절을 하는 모양이다.

따라서 配(배)에는 상 위에 술 항아리(酉)를 올리고서 경건한 마음으로 몸을 구부려 큰절(己)을 한다는 뜻이 담겨 있다. 옛 결혼 풍속에서는 신랑 신부가 술(酉)을 비롯한 여러 가지 제물을 차린 상을 마주하고

서 상호존중의 의미로 맞절(己)을 하는 것이 기본이었다.

성인으로서의 관례식이기도 한 '婚配(혼배)'는 혼배성사(婚配聖事)의 줄임말로 신랑이 저녁 무렵 신부의 집으로 가 조상신에게 술을 올리고 맞절을 하며 백년가약을 맺는 성스러운 일을 말한다. 이처럼 혼배란 신랑 신부 두 사람뿐만 아니라 양가(兩家)의 성스런 약속이 전제되는 일이다.

요즘에는 혼배보다는 '結婚(결혼)'이라는 단어가 일반적으로 사용되니 結(결) 자에 대해서도 알아보자. 맺을 結(결)은 가는 실 사(糸)와 길할 길(吉)로 이루어졌다. 糸(사)는 누에고치에서 막 뽑아 잣아놓은 실타래를 본뜬 상형글자다.

吉(길)은 선비 사(士)와 입 구(口)로 짜여 있다. 갑골문에는 士(사)가 청동(靑銅)으로 만든 도끼 모양으로 그려져 있다. 그러나 한나라의 문자학자인 허신(許愼)은 "士는 어떤 일(事)을 뜻한다. 숫자는 一에서 시작하여 十에서 끝나며, 士 자는 一과 十으로 짜여 있다."라고 하였다. 동양학에서 十(십)은 사물의 이치를 통달한 지극한 경지를 의미한다. 따라서 士(사) 자는 하나(一)에서 열(十)까지 모든 일에 통달한 사람을 뜻한다. 요즘에도 士(사) 자는 바둑 기사(棋士)나 도사(道士)와 같이 해당 분야에서 뛰어난 사람에게 붙여주는 칭호로 쓰이고 있다.

吉(길)에는 하나에서 열까지 사물의 이치를 낱낱이 아는 성인과 같은 사람(士)이 일러주는 말씀(口)을 귀담아 들으면 좋은 일만 생긴다는

혼배성사(婚配聖事)_신랑이 저녁 무렵 신부의 집으로 가 조
상신에게 술을 올리고 맞절을 하며 백년가약을 맺는 성스
러운 일이다.

뜻이 담겨 있다. 따라서 結(결)은 좋고 길조를 보이는 것(吉)들을 실(糸)로 단단히 묶는다는 데서 '맺다'는 뜻을 지니게 되었으며, '마치다', '끝맺다'는 뜻은 확장된 것이다.

하늘보다 높은 사람이 지아비라고?

지아비 **부**

결혼을 하면 남녀는 성인으로서의 자격을 갖춘 '부부(夫婦)'가 된다. 외형적으로도 댕기머리의 처녀총각에서 뚜렷한 변화가 드러난다. 남편을 의미하는 지아비 夫(부)에 대해 『설문』에서는 "夫는 어른인 남자(丈夫)를 말한다. 大(대)와 一(일)로 구성되었다. 一(일)로써 비녀의 모양을 본떴다. 주나라의 제도에 따르면 8촌(寸)이 1척(尺)이고, 10척이 1장(丈)이었다. 사람은 8척까지 키가 자라기 때문에 장부(丈夫)라 하였다."라고 하였다.

이는 갑골문에도 보이며, 정면으로 서 있는 사람(大)의 머리에 비녀(一)를 꽂은 모양이다. 남자가 성인이 되면 머리를 올려 비녀를 꽂을 수 있었다. 일부에서는 남존여비 사상에 따라 夫(부)를 하늘(天)보다 더 높은 사람(丶)이라고 해석하기도 하는데 이는 잘못된 풀이다. 머리를 올려 관례를 치렀다 함은 댕기머리의 학동에서 벗어나 성인으로서의 견문을 갖추었음을 나타낸 것이다.

아내를 뜻하는 지어미 婦(부)는 여자를 의미하는 여(女)와 비 추(帚)

婦
지어미 **부**

로 이루어졌다. 갑골문에 새겨진 帚(추)는 거꾸로 세워진 빗자루의 상형이지만, 소전에 이르러 현재의 자형인 손으로 뭔가를 잡은 모양을 상형한 'ㅋ' 모양과 천이나 수건으로 어떤 물건을 덮거나 묶은 모양을 뜻한 멱(冖), 그리고 수건 건(巾)의 꼴을 갖추게 되었다. 즉 자잘한 나뭇가지나 헝겊(巾)을 한데 묶어(冖) 만든 빗자루를 손으로 잡고(ㅋ)서 쓸거나 닦아낸다는 뜻이 담겨 있다.

이에 따라 婦(부)는 시집온 여자(女)가 걸레나 비(帚)를 들고서 청소를 한다는 데서 '아내', '며느리'를 뜻한다고 보는 게 일반적이지만, 제사를 중시했던 옛사람들이 조상의 위패를 모신 사당(祠堂)의 청소를 맡길 만한 사람으로 '며느리'를 지정한 것 같다.

장가가고 시집간다는 뜻이 담긴 歸(귀)

歸
돌아갈 **귀**

돌아갈 歸(귀) 자에도 옛사람들의 결혼 풍속이 담겨 있다. 歸(귀)는 흙덩이 모양을 본뜬 부수(㠯)와 발 지(止) 그리고 앞서 살펴본 비 추(帚)로 짜여 있다. 자칫 자형 좌변 상부의 흙덩이 모양을 언덕 부(阜)에서 열 십(十)이 생략된 것으로 잘못 보기도 하는데, 阜(부)는 통나무나 흙을 깎아 만든 계단을 뜻하는 상형글자라는 점이 다르다. 발의 모양을 본떠 만든 자형인 止(지)는 멈춘다는 뜻도 있지만, 여기서는 '가다'라는 의미로 쓰이고 있다.

歸(귀)의 의미를 명확히 이해하려면 먼저 옛날의 결혼 풍속을 알아야 한다. 남자는 장가를 들고 여자는 시집을 간다고 하였다. 남자는 먼저 신부의 집에서 보통 3년 정도 처가살이를 하며 딸을 받은 보답을 해야 하기에 장가(丈家)간다는 말은 장인 장모님의 집으로 들어가 산다는 뜻이다. 또한 신부는 부모님의 품에서 살다가 3년이 지나면 남편의 부모님이 계시는 시댁(媤宅: 시집)으로 되돌아가야 함을 표현하여 '시집간다'고 하였다.

따라서 歸(귀)의 전체적인 의미는 고향의 흙덩이(自)와 신부의 주된 역할이 될 빗자루(帚)를 들고서 간다(止)는 것인데, 시집을 간 신부는 좀처럼 다시 부모님 품으로 돌아갈 수 없어 시댁의 풍토에 적응하기 위한 방편으로 가져간 흙을 물에 조금씩 타서 마셨다고 한다. 이러한 결혼 풍속 때문에 歸(귀)는 '돌아가다', '시집가다', '돌려보내다' 등의 뜻을 지니게 되었다.

남녀 간의 사랑

남녀 간의 사랑은 예나 지금이나 가슴 설레는 한 편의 드라마다. 하지만 예전과는 달리 그 사랑이라는 것도 빠르게 전개되는 세상만큼이나 급속도로 달구어졌다가 쉬 식어버리는 양상을 보이고 있다. 사랑도 시대의 흐름을 따라가는지 즉흥적이고 인스턴트식이다. 부부간의 애정도 예외는 아닌 것 같다. 가장 중요한 애끓는 마음이 없다. 그러나 한자에서 보여주는 옛사람들의 사랑법은 가히 순애보적이다. 戀情(연정)이라는 용어에서 그 '사랑법'을 알 수 있다.

연정과 애정에 담긴 사랑법

戀
사모할 **연**

연인들 간 사랑하는 마음의 절절함이 戀(연)자에 담겨 있다. 사모할 戀(연)은 어지러울 연

(戀)과 마음 심(心)으로 이루어졌다. 戀(연)은 실 사(絲)와 말씀 언(言)으로 구성되었다. 絲(사)는 누에가 입으로 토해낸 고치를 풀어 잣아놓은 두 개의 실타래 모양을 상형한 것으로 길게 이어진 명주실을 의미한다.

言(언)은 입(口)에 나팔 모양의 악기(辛)를 대고서 소리를 낸다는 뜻이 담겼는데, 言(언)이 들어가는 글자는 입을 통해 소리로 묘사하는 다양한 행동적 양식을 나타내게 된다. 戀(연)에는 상대에게 하는 말(言)이 잣아놓은 실타래의 실(絲)처럼 끝없이 이어지니 듣는 사람의 입장에서는 '어지럽다'는 뜻이 담겨 있다. 心(심)은 우리의 몸 가운데 마음이 머무는 곳으로 생각했던 심장을 본떠 만든 상형글자인데, 여기서는 뭔가를 생각하는 주체로서의 마음을 표현한 것이다.

그러므로 戀(연) 자에 담긴 의미를 헤아려보면 옛사람들의 지혜를 엿볼 수 있다. 평소에는 무뚝뚝한 사람도 사랑에 빠지면 뭐 그리 할 말이 많은지 밀어(蜜語)를 나누는 데 쉼이 없다. 실꾸리(絲)에서 실이 풀어져 나오듯 끊임없이 말(言)이 나온다. 그런데 가슴(心) 저변에서 나오지 않고 입에서만 나온다면, 진정 사모하는 마음이 아니다. 사모(思慕)하는 마음이 절절해야 진정한 사랑이 이루어지는 것으로 옛사람들은 보았다.

情(정) 역시 옛사람들의 고고한 정감에 대한 뜻이 숨어 있다. 뜻 情(정)은 마음 심(忄)과 푸를 靑(청)으로 짜여 있다. 심장의 모양을 상형한 심(心)은 놓이는 위치에 따라 자형의 좌변에

뜻 정

서는 忄(심), 그리고 자형의 하부에서는 心(심)과 忄(심)으로 쓰이고 있는데 마음 작용과 관련이 깊다.

靑(청)에 대해 『설문』에서는 "靑은 동쪽 방향을 나타내는 색이다. 木(목)은 火(화)를 낳는다(오행의 상생관계, 목생화木生火를 뜻함). 生(생)과 丹(단)으로 구성되었다."라고 하였다. 갑골문에는 보이지 않지만 금문에 그려진 자형을 보면 광산의 갱도(井)에서 광물(丶)을 꺼낸다는 행위를 그린 단(丹) 자가 의미하는 광물은 시대적인 배경으로 보아 구리일 가능성이 높다. 여기서 붉다는 뜻을 가진 丹(단)은 안료로 쓰이는 주사(朱砂)나 진사(辰砂)를 의미하기도 하지만 이처럼 구리(銅)를 의미하기도 하였다. 그래서 구리(丹)가 산화되면 푸른빛을 낸다(生)는 점에 착안하여 '푸를 靑'이라는 글자도 만들어졌다.

따라서 情(정)은 깊은 마음(忄)속에서 우러나는 푸른 하늘처럼 맑고 깨끗한(靑) '사랑'의 감정을 의미한다. '戀情(연정)'이란 가슴 깊은 곳에서 우러나오는 그리움에 사무쳐, 밤샘을 하면서도 끝없이 밀어(蜜語)를 나눌 수 있는 애틋한 정감이라 할 수 있다.

또 다른 사랑의 표현이 담긴 愛(애) 자는 어떠한가? 사랑 愛(애)는 사람의 손길을 뜻하는 손톱 조(爫)와 덮을 멱(冖), 그리고 마음 심(心)과 천천히 걸을 쇠(夊)로 구성되어 있다. 사랑은 줄다리기라는 말처럼 일방적이어서는 마음의 문을 열기가 쉽지 않다. 상대방의 닫힌(冖) 마음(心)을 온갖 수단을 동원하여 얻으려는데

(攵) 상대는 마음을 줄듯 말듯 아주 천천히 다가오는 것(攵)이 오래가
는 사랑법이다.

긴긴 밤 독수공방에 가슴은 타들어가고

부부라고 해서 항상 함께할 수만은 없다. 옛날에도 군역이나 부역
으로 남편이 집을 떠나 있는 경우도 많았고 벼슬아치들은 임지로 홀
로 떠나는 경우가 많았다. 그래서 독수공방에 사무친 아내의 눈시울
은 마를 날이 없었고, 밤이면 그 그리움이 더욱 간절했을 것이다. 그러
한 심경이 懷(회) 자와 慕(모) 자에 그려져 있다.

품을 회

품을 懷(회)는 마음
심(忄)과 품을 회(褱)로
구성되었다. 褱(회)는 懷
(회)의 옛글자로 윗옷을
뜻하는 옷 의(衣)와 옆으

로 누인 눈 목(罒) 그리고 눈물방울을 나타내는 두 개의 두 이(二)로 짜
여 있다. 가슴에 품은 정한에 겨워 눈(罒) 밑으로 뚝뚝 흘러내리는 눈
물(二二)을 소맷자락(衣)으로 연신 닦아내는 모습이다. 여기에 그 의미
를 보다 확실하게 하기 위해 마음(忄)이라는 요소를 더하여 '마음에 품
다'라는 뜻을 표현하고 있다.

그리워할 慕(모)는 없을 막(莫)과 마음 심(忄)으로 이루어졌다. 莫(막)
은 태양(日)이 풀(艹)과 풀(여기서의 大는 본래 풀艹을 뜻한다) 사이로 숨어

慕

그리워할 **모**

버렸으니 해가 없다는 것을 의미할 뿐 아니라 어둡다는 뜻을 나타내기도 한다. 얼마나 그리웠으면 더 이상 그리워

할 마음(忄)마저 없어져(莫)버렸을까? 어둠이 내린 밤(莫) 홀로 지샐 때 얼마나 그리움에 사무치는 심정(忄)이었겠는가? 지극히 그리워하는 마음이 절절이 느껴지는 글자다. 남녀 간의 만남을 가벼이 생각하는 요즘이라 더욱 의미 있게 생각되는 글자다.

怨

원망할 **원**

사정이 어찌되었건 부부간에 홀로 있는 시간이 길어지면 가슴에는 원망하는 마음도 생기나 보다. 원망할 怨

(원)은 누워 뒹굴 원(夗)과 마음 심(心)으로 이루어졌다. 夗(원)은 저녁 석(夕)과 사람이 무릎을 꿇거나 구부리고 있는 모양을 상형한 㔾(절)로 구성되었다. 夕(석)은 해가 서산으로 지고 반달이 동쪽 산허리에 걸친 모양이다. 밤(夕)이 되어도 낭군도 없이 홀로 자리에 누워 있자니 잠이 오지 않아 이리 뒤척 저리 뒤척(㔾)이며 괴로워하는 심정(心)이 怨(원)자에 그대로 새겨져 있다.

사랑의 화신
연리지(連理枝)와 비익조(比翼鳥)

남녀 간의 사랑은 예나 지금이나 변함이 없다. 다만 상대적으로 다문다견(多聞多見)할 수 있는 요즘 시대에 사는 현대인들의 사랑은 속도감이 있어서인지 쉬 달아오르고 쉬 사그라지는 것 같다. 이제 사랑의 화신이라고도 할 수 있는, 두 나무가 한 몸이 된 연리지(連理枝), 그리고 암컷과 수컷이 눈과 날개가 하나씩이어서 짝을 짓지 않으면 날지 못한다는 전설상의 비익조(比翼鳥)에 담긴 뜻을 살펴보자.

이승에서의 애절한 사랑법

連
잇닿을 **연**

먼저, 비록 이승에서 다른 몸으로 태어났지만, 두 나무의 가지가 맞닿아서 양액(養液)을 함께하듯 한 몸이 된 연리

지(連理枝)를 이루는 글자부터 살펴보자. 잇닿을 連(연)은 쉬엄쉬엄 갈
착(辶)과 수레 거(車)로 짜여 있다. 辶(착)의 본래 자형은 辵(착)으로 가
다(彳) 서다(止)를 반복하며 쉬엄쉬엄 가다는 뜻을 지닌다. 辵(착)의 자
형 그대로 쓰이는 경우는 드물고 다른 글자와 합하여 새로운 글자로
불어날 때는 辶(착)으로 간략화되어 쓰인다.

　車(거)는 우마차의 모양을 본뜬 상형글자다. 갑골문을 보면 현재의
자형보다 훨씬 자세하게 그려져 있다. 현재 자형에서는 하나의 바퀴
(日)만을 그려놓았는데, 중앙의 'ㅣ'은 굴대를 나타냈고 아래위의 '二'
는 바퀴가 빠지지 않도록 고정시킨 굴대의 빗장이다. 갑골문에 보이
는 것처럼 고대의 수레는 두 바퀴로 만들어졌으며 두 마리의 말이 끄
는 게 일반적이었다. 두 마리의 말에게 씌우는 멍에의 모양은 두 兩
(량)으로 그 원형을 갖춘 글자가 바로 수레 輛(량)이다. 자전거(自轉車)
와 같이 자력에 의해서 움직이면 '거'라 하고, 자동차(自動車)와 같이
타력에 의해서 움직이면 '차'라고 발음한다.

　따라서 連(연)의 전체적인 의미는 수레의 바퀴(車)가 연속해서 굴러
가듯이 연이어 간다(辶)는 것이다.

理

다스릴 **리**

다스릴 理(리)는 구슬
옥(玉)과 마을 리(里)로
이루어져 있다. 玉(옥)
자는 옥으로 만든 둥근
구슬 세 개(三)를 실에
꿰어(ㅣ)놓은 모습인데, 다른 자형에 더해질 때는 점(丶)을 생략한 채
王(왕) 자처럼 쓴다. 里(리)는 밭 전(田)과 흙무더기를 쌓아놓은 모양을

상형한 흙 토(土)로 구성되었다. 일정한 농토(田)를 중심으로 흙(土)을 쌓아 올려 줄지어서 집을 짓고 산다는 데서 '마을'을 뜻하게 되었다.

따라서 理(리)는 옥(玉)이 줄지어 늘어선 마을(里)처럼 땅속 깊은 곳에 줄기지어 있다는 데서 '도리'나 '이치'를 뜻할 뿐 아니라 그 옥을 캐내어 아름답게 다듬는다는 데서 '다스리다', '무늬를 내다'는 뜻이 파생되었다.

가지 지

가지 枝(지)는 나무 목(木)과 가를 지(支)로 구성되었다. 木(목)은 나무의 모양을 본뜬 상형 글자로 자형 상부는 나뭇가지를, 하부는 땅에 뿌리를 내리고 있는 모양을 본뜬 것이다. 支(지)는 대나무 가지(个)를 손(又)에 쥐고 있는 모양을 본뜬 것으로 본뜻은 '가지'다. 또한 손에 나뭇가지를 쥐고서 지팡이 삼으니 '지탱하다'는 뜻도 함께 지니고 있다. 따라서 枝(지)는 나무(木)의 줄기에서 갈려 나온 가지(支)를 뜻한다.

연리지(連理枝)란 다른 뿌리를 내리고 자란 두 나무의 가지(枝)가 서로 연결(連)되어 한 나무 한 몸처럼 다스려(理)지는 나무를 말한다.

저승에서의 간절한 사랑법

암컷과 수컷이 눈과 날개가 하나씩이어서 서로 짝을 짓지 않으면 날지 못한다는 전설상의 비익조(比翼鳥)는 저승까지 이어지는 남녀 간의 간절한 애원을 담고 있다.

견줄 比(비)는 두 사람
이 어깨를 나란히 한 모
양의 두 개의 匕(비)로
구성되었다. 숟가락이
나 비수를 뜻하는 匕(비)
는 사람이 앉아 있는 모양이다. 건장하게 서 있던 사람(亻)이 어느 날부
턴가 기력이 달려 그 모양이 바뀐 모습을 나타내는 化(화)에서처럼 앉
아 웅크린 모습(匕)이다.

　갑골문의 자형들을 살펴보면 같은 뜻의 글자라 하더라도 그 구성
부수의 순서나 위치가 바뀌는 경우가 많은 점을 고려할 때, 从(종)이나
比(비)는 같은 의미를 지닌 글자로 보인다. 그러나 후대로 오면서 从
(종)은 두 사람이 서로 따라간다는 뜻으로 정해지면서 현재 쓰이는 從
(종)의 옛글자로서뿐만 아니라 요즘에는 이의 간체자(簡體字)로도 쓰
이고 있다. 또한 比(비) 자는 두 사람이 어깨를 나란히 하고서 앉아(匕)
있다는 데서 '견주다', '나란히 하다'의 뜻이 발생했다.

날개 翼(익)은 깃 우
(羽)와 다를 이(異)로 이
루어졌다. 羽(우)에 대해
『설문』에서는 "羽는 새
의 기다란 깃털을 뜻하
며 상형글자이다."라고 하였다. 새의 날개는 반드시 짝으로 되어 있기

때문에 나란히 그렸는데, 좌우 날개를 상형한 非(비)가 '아니다'라는 의미로 확장되자 羽(우)가 그 역할을 하고 있다. 따라서 羽(우)는 다른 부수에 더해져 주로 '날개'나 '난다'는 의미로 쓰이고 있다.

또한 異(이)에 대해서도 『설문』에서는 "異는 나눈다는 뜻이며, 廾(공)과 畀(비)로 구성되었다."라고 하였다. 여기서 畀(비)는 물건(田)을 나누어준다(廾)는 의미를 지니고 있다. 이를 바탕으로 단옥재는 주석에서 "(어떤 물건이든) 나누게 되면 이것과 저것의 다름이 있게 된다."라고 설명했다. 그러나 금문에 새겨진 모양은 '귀신의 탈을 쓰고 있는 무당과 같은 사람'을 본뜬 상형글자다. 귀신의 탈을 썼으니 '기이'하기도 하고 일반인과는 '다르다'는 뜻을 담게 되었다.

따라서 翼(익)은 몸의 좌우에 방향을 달리(異)한 양 날개(羽)라는 데서 '날개'를 뜻하게 되었고, 또한 좌우 날개가 서로 도와야만 날 수 있다는 데서 '돕다'라는 뜻도 지니게 되었다.

새 조

새 鳥(조)는 비교적 큰 새의 모습을 본뜬 상형글자다. 鳥(조)에 대해 허신은 "鳥는 꼬리가 긴 새를 아울러 부르는 명칭이며 상형글자다."라고 하였다. 고문에 그려진 것은 새의 발이 匕(비)처럼 생겼기 때문에 匕(비)로 구성되었다고 하였다. 현재의 자형 중간 부위를 말하며 하부의 네 개의 점은 꼬리를 그리고 있다.

비익조(比翼鳥)란 암컷과 수컷의 눈과 날개(翼)가 각각 하나뿐이어서 어깨를 나란히(比) 하여 서로 짝을 짓지 않으면 하늘을 날 수 없는 전설상의 새(鳥)를 말한다. 이러한 두 유형의 간절한 소망을 한데 묶어 사자성어로 連理比翼(연리비익)이라 한다. 연리지(連理枝)와 비익조(比翼鳥)를 지칭한 것으로, 화목한 부부 또는 다정한 남녀 사이를 비유하여 이르는 말이다.

백거이로 잘 알려진 당나라의 시인 백낙천(白樂天)이 현종(玄宗)과 양귀비(楊貴妃)의 사랑을 노래한 '장한가(長恨歌)'에서 "하늘에서는 원하건대 비익조가 되고 땅에서는 연리지가 되기를 소원한다(在天願作比翼鳥 在地願爲連理枝)."고 한 대목에서 유래했다.

부부간에도 공경심이 소실되면 분노가 끓어오르기 마련

온 마음을 다해 조심스럽게 예(禮)를 갖추는 것은 예나 지금이나 윗사람의 신임을 얻는 길이자 아랫사람으로서 갖추어야 할 기본자세라 할 수 있다. 윗사람을 업신여기고서 아랫사람으로부터 신망을 얻는 사람은 일찍이 없었다. 바로 자기 자신에게 진실해질 때 위아래 사람으로부터 보이지 않는 믿음에서 우러난 공경(恭敬)을 얻을 수 있다.

부부라고 해서 예외일 수는 없다. 부부는 동등한 인격체이기에 서로가 공경하는 마음을 가질 때 서로 간의 믿음도 생기는 것이다. 매사에 공손(恭遜)함과 경건(敬虔)함을 갖춘 사람에게는 그 누구도 나무랄 수가 없다. 그 옛날 공자님도 '요즘 아이들은 도통 예의가 없다.'고 했으니, 예나 지금이나 예(禮)는 갖추어진 것이 아니라 자라면서 갖출 수 있도록 어른들이 본보기가 되어야 한다는 뜻이다. 부부간의 행동이 곧 아이들에게 알게 모르게 반영되기 때문이다.

공손할 恭
▶

공손할 恭(공)은 함께 공(共)과 마음 심(忄)으로 이루어졌다. 共(공)은 스물 입(卄)과 두 손으로 받들 공(廾)으로 구성되었는데, 두 개의 열 십(十)으로 짜여 20을 나타내는 卄(입)은 여기서는 갑골문이나 금문에서처럼 어떤 물건의 모양을 나타내고 있다.

　고대 사람들은 천원지방(天圓地方), 즉 '하늘은 둥글고 땅은 네모지다'고 믿어 하늘에 제사를 올릴 때는 하늘색을 닮은 비취색의 둥근 옥을 바치고, 땅에 제사를 지낼 때는 땅의 색인 네모난 황옥을 바쳐 풍년을 기원했다. 옥이나 또 다른 제물(共)을 두 손으로 받들어(廾) 바친다는 뜻이 담겨 있다. 忄(심)은 마음이 담겨 있다는 심장(心)과 동일한 뜻을 지니고 있는데 주로 자형의 하부에 놓여 다른 자형에 끼어 쓰인다. 따라서 恭(공)에는 조상 혹은 하늘과 땅에 제사를 지내기 위해 두 손으로 제물을 올릴(共) 때 갖는 경건한 마음(忄=心)의 태도라는 뜻이 담겨 있다.

공경할 敬
▶

공경할 敬(경)은 진실로 구(苟)와 칠 복(攵)으로 구성되었다. 苟(구)는 현재 자형에는 풀 초(艹)로 되어 있지만 갑골문이나 금문을 보면 머리장식의 일종인 북상투 관(艹)으로 그려져 있고, 勹(포)는 사람이 무릎을 꿇고 있는 모양이며 구(口)는 금문과 소전에 와서야 첨가되었다. 머리장식(艹)을 하기 위해 다소곳이 꿇어앉은 모양(勹)에서 장식이 흐트러지지 않도록 '조신하다', '근신하다'는 뜻이 었는데, 여기에 입(口)조심까지 더해졌다. 그러다 후대로 내려오면서 관(艹)이 풀 초(艹)로 변하면서 '풀 이름' 또는 '진실로', '구차하다'는 뜻으로 가차되었다.

攵(복)은 회초리나 몽둥이를 손에 들고 있는 칠 攴(복)과 같은 뜻을 지닌 부수로, 주로 자형의 우방에 놓이며 '치다', '때리다' 등의 뜻을 더해준다. 의관을 잘 갖추어 조신하고 근신(苟)할 수 있도록 독려(攵)한다는 것은 곧 공경하는 마음자세를 갖추도록 한다는 것이다.

근심걱정이 홧병을 일으키다

서로를 존중하고 공경하는 마음이 사라진다면 근심걱정으로 애를 태우는 우환(憂患)이 찾아들게 된다. 근심걱정이 무엇인지 憂(우) 자를 보면 명확해진다.

憂
근심할 우

근심할 憂(우)는 머리 혈(頁)과 사람의 심리적 상황을 표현한 마음 심(心), 그리고 천천히 걸을 쇠(夊)로 짜여 있다. 사람의 얼굴(머리)을 뜻하는 頁(혈)은 갑골문과 금문에서도 사람의 몸과 머리털이 비교적 상세하게 그려져 있는데, 특히 큰 머리로 강조되어 있다.

攵(쇠)에 대해 『설문』에서는 "攵는 느릿느릿 발을 질질 끌면서 걷는 것을 말한다. 사람이 양발로 신을 끌고 가듯 걷는 모양을 본떴다."라고 하였다. 천천히 걸을 攵(쇠)가 다른 부수에 더해지면 더디 걷거나 끌려가지 않으려는 뜻이 된다. 따라서 憂(우) 자는 머리(頁)와 가슴(心) 속에 온통 걱정거리가 가득 차 그 발걸음(攵)마저 무거워 보이는 모양으로, '근심하다', '걱정하다'의 뜻이다.

우리나라 사람에게 특히 많다는 화병(火病) 또는 울화병(鬱火病)은 화를 참는 일이 반복되어 스트레스성 장애를 일으키는 정신질환으로 미국정신과협회에서는 1996년 화병을 문화관련 증후군의 하나로 등록했는데, 우리의 발음을 가차해 'hwa-byung'이라 명명했을 정도다. 고대 동양사회에서는 患(환) 자에 그 의미를 압축했다.

근심 환

근심 患(환)은 꿸 관 (串, 꼬챙이 찬)과 마음 심(心)으로 짜여 있다. 串(관)은 꼬챙이 찬(弗)의 본래 자형으로 고대 화폐의 일종인 조개의 가운데 구멍을 뚫어 꿴 모습, 또는 고기(呂)를 불에 굽기 위해 긴 꼬챙이(丨)에 꿴 모양을 본뜬 상형글자로 '꿰다', '익히다'는 뜻을 지니고 있다. 이는 마음(心)이 꿰뚫어질(串) 만큼 아픈 상태로, 요즘말로 하면 스트레스로 인한 심인성 질환을 의미한다.

천원지방(天圓地方)_'하늘은 둥글고 땅은 네모지다'
고 믿어 하늘에 제사를 올릴 때는 하늘색을 닮은 비취
색의 둥근 옥을 바치고, 땅에 제사를 지낼 때는 땅의
색인 네모난 황옥을 바쳐 풍년을 기원했다.

분노는 마음의 노예가 되는 것

忿
성낼 **분**

근심과 걱정스러운 마음을 가라앉히지 못하면 결국 서로간의 분노(忿怒)가 폭발하여 이혼과 같은 극단적인 사

단이 일어날 수도 있다. 이러한 의미를 담은 성낼 忿(분)은 나눌 분(分)과 마음 심(心)으로 이루어졌다. 分(분)은 반으로 나눈다는 뜻을 지닌 팔(八)과 칼의 모양을 상형한 도(刀)로 구성되었는데, 뭔가를 칼(刀)로 갈라 나눈다(八) 하여 '나누다'는 뜻을 지니게 되었다. 아무리 성인군자라 해도 마음(心)이 갈기갈기 찢어지는(分) 듯하면 '화'가 치밀고 '성'이 날 수밖에 없지 않겠는가?

怒
성낼 **노**

또 다른 측면에서 분노를 표현한 성낼 怒(노)는 종 노(奴)와 마음 심(心)으로 이루어졌다. 奴(노)는 여성을 대표하는

글자인 女(여)와 오른손을 상형한 又(우)로 구성되었는데, 그 뜻은 주로 손(又)을 사용하여 잡일을 하는 여자(女)로서 '여자 종'을 지칭했으나 후대로 오면서 '사내 종'으로 바뀌었으며, 자신을 낮추는 대명사로 쓰이기도 하였다.

똑같은 인간의 입장에서 늘 부림받는 종(奴)의 마음(心)은 어떠하겠는가? 아마도 마음속은 '화'와 '성냄'으로 부글부글 끓어오를 것이다. 그러나 달리 생각해보면, 우리 인간이 감정을 주체하지 못한 채 화를 내는 것은 수시로 변화를 일으키는 마음(心)의 노예(奴)가 되어버림을 의미한다고도 볼 수 있다.

나이의 의미

『예기(禮記)』「곡례편(曲禮篇)」에서는 "태어나서 10세가 되면 유(幼)라 하여 배움이 시작되고, 20세는 약(弱)이라 하여 비로소 갓을 쓸 수 있으며, 30세는 장(壯)이라 하여 집(家:妻)을 가질 수 있고, 40세는 강(强)이라 하여 벼슬길에 나갈 수 있으며, 50세는 애(艾)라 하여 관리가 되어 정사를 도모할 수 있고, 60세는 기(耆)라 하여 남을 지시하고 부릴 수 있다. 70세는 노(老)라 하여 모든 일을 자식이나 후진들에게 전해주고 일선에서 물러나며, 80, 90세는 모(耄)라 하여 죄가 있어도 형벌로 다스리지 않으며, 100세가 되면 기(期)라 하여 기림을 받을 수 있다."라고 하였다.

유년기와 청년기를 대표하는 글자인 '어릴 유(幼, 34쪽 참조)'와 '약할 약(弱, 46쪽 참조)'은 이미 설명한 바 있다.

가정을 꾸릴 수 있었던 30대

씩씩할 **장**

30세를 지칭한 씩씩할 壯(장)을 살펴보자. 壯(장)은 가구를 만들기 위해 통나무를 반으로 쪼갠 모양을 본뜬 나뭇조각 장(爿)과 선비 사(士)로 구성되었다. 갑골문에 나타난 士(사)는 도끼의 모양을 본뜬 자형으로 그려져 있다. 후대로 내려오면서 士(사)는 '하나(一)에서 열(十)까지 모든 것을 알고 있는 지혜로운 사람'을 뜻하기도 하였다.

壯(장) 자의 또 다른 해석이 있다. 壯(장)은 권위의 상징이기도 한 쇠로 만든 도끼를 갖추고서 나무로 만든 의자(爿)에 앉아 있는 모양으로 '씩씩하고 늠름한 모습', 즉 '씩씩한 남자'를 의미한다고 할 수 있다. 혈기왕성한 30대의 모습을 상징적으로 표현하고 있다.

대 **세**

부자간을 한 세대(世代)로 표현한 것에서도 알 수 있듯, 대 世(세)는 열 십(十)에 스물 입(卄)의 합자인 30을 의미하는데, 나이 30이 되면 혼례를 치러 독립된 집과 처(妻)를 얻을 수 있다고 한 것이다.

强

굳셀 **강**

나이 40세로 제시된 굳셀 强(강)은 넓을 홍(弘)과 벌레 충(虫)으로 이루어져 있다. 弘(홍)은 활 궁(弓)과 사사로울 사(厶)로 구성되었다. 弓(궁)에 대한 갑골문의 자형은 활의 모양을 그대로 그린 모양이며, 금문에 와서 활시위를 매지 않은 모양으로 변화했다. 이는 곧 쓰지 않을 때는 활시위를 풀어둠으로써 활의 탄력성을 높이려는 의도로 보인다.

厶(사)는 활의 가장 단단한 부위를 표시한 것이라고도 하나, 팔뚝 厷(굉)의 생략형으로 보는 것이 보다 설득력을 갖는다. 또한 화살을 쏠 때의 소리를 표시한 것으로 해석하기도 한다. 따라서 弘(홍)은 활(弓) 시위를 힘껏 당겨(厶) 쏠수록 멀리 나아간다는 이치를 담아 '넓다', '크다'는 뜻을 부여받았다. 虫(충)은 벌레나 파충류, 그리고 양서류와 같은, 자신만이 들어갈 수 있는 굴이나 집을 지어 사는 생물의 총칭이다.

따라서 强(강)은 쌀벌레의 일종인 바구미(虫)를 뜻하며, 몸체는 작지만 단단하여 한 번 기승을 부리면 쌀에 대한 피해가 크다(弘) 하여 사람의 주식인 쌀을 없애는 '강한 놈'으로 인식한 데서 '강하다'의 뜻이 생겼으며, '억지를 부리다'는 뜻은 파생한 것이다. 아무튼 40대를 인생의 최전성기로 파악한 것이다.

나이 50세를 '艾(애)' 라 했는데, 쑥 艾(애)는 풀 초(艹)와 벨 예(乂)로 이루어졌다. 艸(초)에 대해 허신은 "艸는 모든 풀을 의미하며 두 개의 屮(초목의 싹)로 짜여 있다."라고 하였다. 나아가 屮(풀 철)이 세 개인 것은 보다 간소하게 '풀 훼(卉)'로 했고, 屮(풀)이 네 개인 것은 '잡풀 우거질 망(茻)'으로 했는데, 대부분의 자형에서 글자의 상부에 놓일 때는 艹(초)로 약칭되었다.

乂(예)는 낫을 이용하여 풀을 좌우로 베는 모양을 그린 자형으로, 은 유적으로 풀을 베는 행위는 곧 '다스림'을 뜻하기도 하였다. 이에 따라 낫을 좌우로 움직여 풀(艹)을 베는(乂) 행위는 민초(民草)를 '다스린다'는 뜻으로뿐만 아니라 '쑥'이란 의미로도 가차되었다.

특히 쑥의 잎사귀는 푸르른 앞면과는 달리 뒷면은 흰색이어서 나이 50세가 되면 '흰머리'가 비치기 시작한다는 의미를 담아 50세를 '艾年(애년)'이라고 한 것이다.

남을 지시하고 부릴 수 있는 60대

나이 60을 지칭한 늙은이 耆(기)는 늙은이 노(耂)와 맛있을 지(旨)로 구성되었다. 耂(노)는 '늙은이 老(노, 로)'의 생략형으로 털 모(毛)와 사람 인(人), 그리고 지팡이를 상징하는 匕(비)로 이루어져 있다.

耆

늙은이 **기**

갑골문에 새겨진 늙은이 老(노)의 자형을 보아도 '머리카락(毛)을 길게 산발하고 허리를 굽힌 사람(人)이 지팡이

(匕)를 짚고 서 있는 모양'에서 바로 노인의 모습임을 알 수 있다. 旨(지)는 비수 비(匕)와 그릇의 모양을 나타낸 '日' 모양으로 이루어졌다. 즉 그릇(日)에 담긴 음식물을 수저나 국자(匕)를 이용해 맛을 본다는 데서 '맛', '맛있는 음식'을 본뜻으로 하고 있다.

이에 따라 耆(기)는 몸이 늙기는(耂) 했지만 맛있는 음식(旨)으로 기력을 유지할 수 있다는 것을 뜻하며 '나이 60세'를 가리키는 글자가 되었다. 60세를 아직은 '남을 지시하고 부릴 수 있는 나이'로 본 것이다.

모든 것을 후진에게 물려주는 70대

나이 70세를 뜻하는 늙은이 老(노)는 앞에서 본 바와 같으며, 자형에서도 보여주듯 이 나이가 되면 지팡이에 의지한 채 어떠한 일을 하기에는 너무 쇠약해졌기 때문에 모든 일을 자식이나 후진들에게 전해주고 일선에서 물러날 것을 권유하는 암시가 깔려 있다.

나이 80, 90세를 뜻하는 늙은이 耄(모)는 머리카락을 강조한 것으로 속자인 구십 세의 늙은이 耗(모)에서 알 수 있듯 완전히 백발(白髮)의 모습이어서 '정신마저 혼몽한 상태'를 뜻하니, 죄가 있어도 형벌

耄
늙은이 **모**

期
기약할 **기**

로 다스릴 수가 없었던 것이다.

또한 100세가 되면 기(期)라 하여 기린다고 했는데, 기약할 期(기)는 그 기(其)와 달 月(월)로 구성되었다. 其(기)는 갑골문과 금문에도 보이는데, 양손으로 잡고(廾) 서 곡식의 알갱이와 쭉정이를 골라내는 데 쓰이는 대나무를 쪼개 만든 문양이 깃든 '키'를 말한다. 그런데 其(기)가 '그것'이라는 지시대명사로 가차되자 키를 만드는 주재료인 대나무를 뜻하는 대 죽(竹)을 더해 '키 箕(기)'를 별도로 만들었다.

이에 따라 항상 일정한 모양을 유지하고 있는 해(日)에 비해 기울고 차오르는 달(月)은 보름이나 그믐과 같이 특정하게 그(其) 날짜를 가리킬 수 있으므로 '기약하다', '때'를 뜻할 뿐만 아니라 일정한 주기로 보름달이 되기 때문에 '돌', '기간'을 뜻하게 되었다.

공자가 제시한 나이에 따른 학문의 발전 단계

공자(孔子)는 『논어(論語)』 「위정편(爲政篇)」에서 자신의 학문에 따른 내면적인 수양의 발전 과정에 대해 나이별로 언급한 적이 있다. 시대는 다르지만 요즘을 사는 우리에게 적용해도 하등 문제될 것이 없기에 그 의미를 풀어본다.

학문에 뜻을 두는 15세

志
뜻 지

인생의 초년기를 志學(지학)이라 했는데, 공자는 "나는 15세가 되어 학문에 뜻을 두었다(吾十有五而志于學)."고 하였다.

뜻 志(지)는 갈 지(之)가 변형된 사(士) 모양과 마음 심(心)으로 구성되었다. 갑골문과 금문을 보면 '之(지)'를 의미하는 발 모양을 상형한 지(止) 아래에 출발선을 뜻하는 '一' 모양을 더한 자형으로 나와 있는데 그 뜻은 어디론가 간다는 의미를 담았다. 心(심)은 사람의 심장 모양을 본뜬 것으로 여기서는 '마음'을 뜻한다. 이에 따라 마음(心)이 움직여 가는(之) 바를 가리켜 '뜻'이라는 의미를 부여했다.

배울 學(학)

배울 學(학)은 양손으로 잡을 국(臼)과 효 효(爻), 그리고 덮을 멱(冖)과 아들 자(子)로 구성되었다. 臼(국)은 자형의 밑변이 떨어져 있는 것으로 양손으로 뭔가를 잡고 있는 모양을 상형한 것이다. 爻(효)는 점을 치거나 숫자를 셀 때 썼던 산가지가 흩어져 있는 모양인데, 여기서는 사물의 이치를 밝힌 책을 뜻한다. 冖(멱)은 천이나 수건 등으로 어떤 물건을 덮은 모양을 본뜬 것이나 여기서는 건물의 지붕이 변한 모양이다. 子(자)는 강보에 싸인 아기를 본뜬 상형 글자이지만 여기서는 장성하지 않은 아이들을 총칭한다.

따라서 學(학)은 서당과 같은 건물(冖)에서 아이들(子)이 양손(臼)으로 책(爻)을 펼치고 사물의 이치를 '배운다'는 뜻이다. 나이 15세 즈음에는 학문(學)에 뜻(志)을 두고 인생의 기반을 다져나가야 함을 강조한 것이다.

말 이을 **이**

다음으로 "30세에 학문의 기초를 확립했다 (三十而立)."고 했는데, 바로 '而立(이립)'이다. 말 이을 而(이)는 갑골문이나 금문에도 보이는 자형으로 사람의 옆얼굴에 난 구레나룻을 의미하기도 했지만 코밑과 턱에 난 수염을 뜻했다. 그러나 본뜻인 '수염'보다는 말을 이어주는 어조사로써 널리 쓰이고 있다. 즉 위아래 수염처럼 말을 '머뭇거리다'가도 다음 문장으로 '이어줌'을 뜻해 '말 이을 이'로 확장되었다.

설 **립**

사람이 두 팔과 다리를 벌리고 서 있는 모양을 상형한 것이 大(대)자인데 사람(大)이 땅(一) 위에 서 있는 모습을 그린 상형글자가 바로 설 立(립)이다. 나중에는 그 뜻이 확대되어 사람에 국한하지 않고 서거나 '세우다'라는 의미를 담게 되었다. 나이 30에 이르러(而)서 학문에 관한 확고한 기초를 확립(立)했다는 뜻이다.

어떤 유혹에도 빠지지 말아야 할 40세

不
아니 불

그리고 "40세가 되어서는 미혹되지 않았다(四十而不惑)."고 하였다. 즉 '不惑(불혹)'이다. 아니 不(불)의 갑골문을 보면 '나무뿌리'와 같은 모양이나, 『설문』에서는 "不은 새가 하늘로 날아 올라가 땅으로 내려오지 않는다는 뜻이다. 一(일)로 구성되었으며, 一(일)은 하늘을 뜻하며 상형글자다."라고 한 이래 '하늘로 날아가 내려오지 않은 새'로 해석하는 게 일반적이다. 그래서 부정, 즉 '아니다'라는 뜻의 부사로 가차되어 쓰이고 있다.

惑
미혹할 혹

미혹할 惑(혹)은 혹 혹(或)과 사람의 마음이 머물고 있다고 여긴 심장을 상형한 마음 심(心)으로 구성되었다.

或(혹)은 창과 같은 무기를 뜻하는 戈(과)와 백성을 의미하는 口(구) 그리고 사람들이 살아가는 영토를 뜻하는 一(일)로 구성되었다. 그 뜻은 적군이 침입하지나 않을까 의심되어 무기(戈)를 들고서 국민(口)과 영토(一)를 지킨다는 것으로, 요즘과 같이 나라 간의 경계선(口: 나라 국)이 확실치 아니하여 늘 적의 침입에 대비해 경계태세를 취함으로써 '의심'한다는 뜻이 담겨 있다. 또한 아직 확실한 경계선은 없지만

知天命(지천명)_ 하늘이 나에게 내린 소명을 아는 것으로,
이 세상에 육신을 받고 태어나 자신이 가야 할 길을 알고
있음을 의미한다.

국방과 백성 그리고 영토를 갖추었으니 '나라'란 뜻도 함유하고 있다. 이에 따라 惑(혹)은 마음(心) 가운데 혹시나 하는 의구심(或)이 일어 혼란스럽다는 뜻이다.

'不惑(불혹)'이란 학문을 통해 세상의 이치를 간파하여 어떠한 유혹(惑)에도 흔들리지 않음(不)을 말한 것이다. 그러나 역설적으로 자칫 유혹에 빠지기 쉬운 나이가 또한 40대일 수도 있다는 교훈이 담겨 있다.

자신에게 부여된 운명을 아는 50세

공자는 "50세에는 하늘의 명을 알았다(五十而知天命)."고 했는데 '知天命(지천명)'이란 하늘이 나에게 내린 소명을 아는 것이다.

알 知(지)는 화살 시(矢)와 과녁을 뜻하는 구(口)로 구성되었다. 矢(시)의 갑골문을 보면 화살 전체의 모양을 본뜬 상형글자임이 분명하다. 따라서 知(지)에는 활에서 당겨진 화살(矢)이 과녁(口)을 향해 날아가는 방향을 끝까지 지켜보아야 향방을 '알 수 있다'는 뜻이 담겨 있다.

하늘 天(천)은 큰 대(大)와 한 일(一)로 이루어진 회의글자다. 大(대)는 사람이 두 팔다리를 활짝 벌리며 서 있는 모습을 정면에서 바라보

天

하늘 **천**

아 그 모습을 본뜬 상형 글자다. 따라서 天(천)은 사람(大)의 머리 위로 끝없이 펼쳐진 허공(一)을 표시하여 '하늘'이란 뜻을 부여받았다.

命

목숨 **명**

목숨 命(명)은 명령할 령(令)과 입 구(口)로 이루어졌다.

令(령)은 모일 집(亼)과 사람이 무릎을 꿇고 있는 모양을 본뜬 병부 절(卩)로 구성되었다. 여기에서 亼(집)은 높다란 팔자 지붕을 올려 지은 사당이나 공공건물을 의미한다. 즉 한마을의 촌장이나 제사장이 거주하는 높다란 건물(亼) 안에 많은 사람이 무릎을 꿇고 있는 모양(卩)이라는 데서 '명령하다', '시키다'의 뜻을 지니게 되었는데, 이를 보다 구체적으로 표현하기 위하여 무언가 말(口)로써 명령(令)을 내린다는 데서 '명령하다', '시키다'의 뜻을 지니게 되었다. 또한 확장되어 꿇어앉은 사람의 운명이 지위 높은 사람의 한마디에 달려 있다는 데서 '목숨'이라는 뜻도 지니게 되었다.

따라서 知天命(지천명)이란 하늘이 지시한 바, 즉 이 세상에 육신을 받고 태어나 자신이 가야 할 길(道)을 알고 있음을 의미한다.

세상의 이치에 순응하는 60세

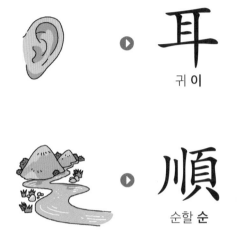

耳
귀 이

順
순할 순

그리고 "60세에는 남의 말을 순순히 받아들였다(六十而耳順)."고 했는데, 바로 耳順(이순)이다.

귀 耳(이)는 사람의 귀 모양을 상형한 것이다. 순할 順(순)은 내 천(川)과 머리 혈(頁)로 이루어졌다. 川(천)은 사람의 손길이 닿은 인공적인 하천을 말한다. 즉 자형의 가운데 'ㅣ'이 물줄기를 뜻하고 좌우는 인공적으로 쌓아올린 제방을 의미한다. 사람의 얼굴(머리)을 뜻하는 頁(혈) 자는 갑골문과 금문에도 사람의 몸과 머리털이 비교적 상세하게 그려져 있는데, 특히 눈(目)이 강조되어 있다.

따라서 順(순)은 사람이 눈을 크게 뜨고(頁) 위에서 아래로 흐르는 강물(川)처럼 자연의 이치를 거스르지 않는다는 데서 '순하다', '좇다', '따르다'의 뜻을 지니게 되었다. 이에 따라 耳順(이순)이란 천지만물의 이치에 통달하여 있는 그대로의 의미를 모두 이해했음을 말한다.

마지막으로 공자는 "70세에 이르러서는 마음 내키는 대로 해도 법도를 넘어서지 않았다(七十而從心所欲不踰矩칠십이종심소욕불유구)."고 하여 세상의 이치를 통달한 성인(聖人)으로서의 면모를 보여주고 있다.

권위의 대상이자 동시에
천시받던 늙음

오래 사는 것은 누구나 바라는 소망이다. 단 질병 없는 건강한 삶이 보장될 때에 한해서다. 그러나 많은 사람들이 천수(天壽)를 누리지 못하고 이른 나이에 사망한 안타까움, 또 노인이 되어서도 치매(癡呆)나 중풍(中風) 등과 같은 노인성 질환에서 자유롭지 못해 오히려 자손들로부터 천대를 받은 흔적이 글자에도 남아 있다.

장수란 무엇을 말하는가?

길 장

장수에는 어떠한 조건이 겸비되어야 할까? 먼저 장수(長壽)라는 글자에 담긴 의미를 살펴보자.

길 長(장)은 긴 머리카락을 늘어뜨린 노인을 본뜬 상형글자다.

長(장)에 대해 『설문』에서는 "長은 오래되고 멀다는 뜻이다. 兀(올)과 匕(화)로 구성되었다. ㄴ(망)은 소리요소다. 兀(올)은 높고 멀다는 뜻이다. 오래되면 변화한다."라고 하였다. 그러나 갑골문의 자형을 살펴보면 長(장)은 사람의 긴 머리와 발을 그린 것으로, 특히 사람의 신체 중 가장 긴 것이 머리카락이므로 '길다'는 뜻으로 쓰였을 뿐만 아니라 어린아이보다는 노인의 머리카락이 길어서 '어른'을 뜻하기도 하였다. 즉 자형의 상부는 풀어헤친 머리카락을 본뜬 모양이며 하부는 발의 모양을 나타내려 한 것이다.

보통 남자들은 정수리나 머리 뒷부분에 상투를 틀어 올렸는데, 머리숱이 드문 노인들은 그냥 산발한 채 지내는 경우가 많았다. 따라서 長(장)의 본뜻은 '산발한 노인'이었다가 '어른', '우두머리', '길다'란 의미를 지니게 되었다.

그러나 고대사회의 풍속을 들여다보면 보다 더 깊은 뜻이 담겨 있음을 알 수 있다. 노인이 되었다고 해서 누구나 머리를 풀어헤친 것은 아니었고 신을 모신 사람만이 머리를 길게 기를 수 있었다. 산발은 건강한 연장자이면서 덕이 많은 장로(長老)만의 특권이었던 것이다.

목숨 壽(수)는 늙을 로(老)의 생략형인 士(사)와 장인 공(工), 한 일(一), 입 구(口), 마디 촌(寸) 등 다소 복잡한 부수로 짜여 있다. 또한 금문에 그려진 자형과 현재의 모양인 '壽'의 연관성을 찾기가 쉽지 않다. 그래서 글자 속뜻을 좀 더 깊이 있게 해석해보고자 한다.

'목숨'이란 뜻을 지닌 壽(수)는 '오래 산다'는 장수의 의미도 지니고 있다. 금문에 그려진 자형 중에서 확실한 것은 늙을 老(노) 자가 자형의 상부를 이룬다는 점이다. 현재 자형 중 상부의 士(사)와 'ㅡ'의 모양은 확실히 '老'의 생략형이 변화된 것이다. 장수에는 노인의 상징인 지혜롭고 건강함이 전제되어야 한다. 따라서 壽(수) 자에 담긴 의미는 늙어(老)서도 하는 말(口)이나 손발(寸)을 활용함에 있어서 한결(ㅡ)같이 뛰어나(工)야만 한다는 것으로, 장수의 조건을 제시했다고 볼 수 있다.

이로 미루어볼 때 '長壽(장수)'란 늙어서도 질병에 걸리지 않고 수족도 자유롭고 말씀도 지혜롭게 하며 오래 사는 것을 말한다. 장수의 조건은 오욕(五慾), 즉 식욕(食慾), 색욕(色慾), 수면욕(睡眠慾), 재물욕(財物慾), 명예욕(名譽慾)을 줄이는 일이다. 앞의 식욕과 색욕 그리고 수면욕은 몸을 통해서 이루어지는 일이므로 한계가 지어지지만, 재산욕과 명예욕은 마음으로 탐하는 일이라 욕심을 부리자면 끝이 없다. 특히 늙어서까지 명예욕이 앞서 패가망신한 사람이 부지기수다.

그 옛날에도 불효자는 있었다

孝
효도 효

가족은 물론 주위 사람들에게 노인으로서 공경받는다는 뜻이 '孝(효)' 자에 담겨 있다. 효도 孝(효)는 늙을 노(老)의 간략형인 노(耂)와 아들 자(子)로 이루어져 있다. 老(노)는 '머리카락

(毛)을 길게 산발하고 허리를 굽힌 사람(人)이 지팡이(匕)를 짚고 서 있는 모양'으로 노인을 뜻한다고 했었다. 여기서 子(자)는 어린아이가 아닌 자식을 의미한다.

이에 따라 금문에 처음 보인 孝(효)는 늙은 어버이(耂)를 지팡이 대신 자식(子)이 업고 있는 모양을 그려내 부모를 잘 모신다는 뜻을 담아 '효도'를 뜻하게 되었다.

부모를 봉양하는 효도는 동양사회의 미덕이었다. 효자가 있다면 불효자도 있기 마련인 모양이다. 예나 지금이나 불효자를 보는 시각은 별반 다를 바 없다. 2400여 년 전에 불효자를 다섯 가지 유형으로 규정한 맹자의 이야기를 들어보자.

사지 멀쩡한데 게을러터져 부모끼니 돌보지 않는 것이 첫 번째 불효요,

(惰其四肢 不顧父母之養 一不孝也 타기사지 불고부모지양 일불효야)

장기와 바둑 그리고 술독에 빠져 부모끼니 돌보지 않는 것이 두 번째 불효요,

(博奕好飮酒 不顧父母之養 二不孝也 박혁호음주 불고부모지양 이불효야)

돈과 재물 제 마누라 제 자식만 챙기고 부모끼니 돌보지 않는 것이
세 번째 불효요,

(好貨財私妻子 不顧父母之養 三不孝也 호화재사처자 불고부모지양 삼불효야)

제 눈과 귀의 욕망만 쫓다 부모 욕보이는 것이 네 번째 불효요,

(從耳目之欲 以爲父母戮 四不孝也 종이목지욕 이위부모륙 사불효야)

용맹 부린답시고 싸움질만 일삼다 부모까지 위태롭게 하는 것이
다섯 번째 불효이니라.

(好勇鬪狠 以危父母 五不孝也 호용투랑 이위부모 오불효야)

맹자가 말한 다섯 유형의 불효는 요즘 세상에도 그대로 적용된다.
부모자식 관계는 인류가 존속하는 한 계속 이어지기 때문이다.

노인 가운데 학식과
덕망을 갖춘 원로를 뜻
하는 글자로 늙은이 叟
(수)가 있다. 늙은이 叟
(수)에서 자형 상부의
'臼' 모양은 횃불을 피워 올리기 위한 솜뭉치나 잔가지의 나무를 뭉친
모습이며, 가운데 'ㅣ'은 불길이 타오르는 모습을 본뜬 것이다. 그리고
자형 하부의 又(우)는 그 횃불을 들고 있는 손을 뜻하는데, 삶의 경륜
이 높은 노인은 지혜의 상징이기 때문에 횃불을 밝히는 사람, 즉 사리
에 밝은 사람은 곧 부족을 이끄는 長老(장로)란 뜻이 함축되어 있다.
존경심의 범위가 축소되기는 하지만 한 집안(宀)의 불(火)을 관장
(又)하는 사람을 가리킨 늙은이 宨(수)가 叟(수)의 옛글자이기도 하다.

피를 흘려야 환생할 수 있다?

건강하면서도 지혜로운 노인은 모든 사람의 존경을 받지만, 그렇지
못할 경우에는 그 옛날에도 천덕꾸러기 취급을 받았던 흔적이 '微(미)'

微

작을 **미**

자에 남아 있다.

작을 微(미)는 네거리
를 상형한 다닐 행(行)의
생략형인 척(彳)과 자잘
할 미(㣲)로 이루어져 있
다. 자형 우측의 자잘할 미(㣲)의 갑골문을 살펴보면, 긴 머리를 산발
한 채 앉아 있는 노인을 상형한 長(장) 자에 몽둥이를 든 손 모양을 상
형한 칠 복(攵)이 그려져 있다. 갑골에 새겨진 그림대로라면 연약한 노
인을 누군가 몽둥이로 내려치는 모습이다. 이에 대해 고대 중원의 일
부 지역에서 행해진 풍속을 글자화한 것이라는 주장이 있다.

고대인들의 윤회관 가운데에는 사람이 죽기 직전 피를 흘려야만
몸속의 영혼이 빠져나가 다시 환생할 수 있다는 믿음이 존재했다. 죽
은 사람의 가슴에서 피가 나게 문신을 새기는 풍속을 반영한 '무늬 文
(문)'과도 관련 있는 풍속이다.

이러한 끔찍한 풍속은 문명의 발달과 함께 사라졌는데 글자 역시
소전 이후에는 長(장) 자 대신 현재와 같은 자형으로 변형되었다. 본
래의 뜻은 암암리에 '상처를 내다'였으나 자형 변화와 함께 네거리를
뜻하는 彳(척)도 그 이후에 추가되었다. 즉 산(山) 아래 놓인 작은 탁자
(几) 위의 어떠한 물건(一)을 두드려 부수어(攵=攴)보았자 산에 비해 작
다는 데서 '작다', '어렴풋하다'는 뜻을 지니게 되었으며, 또한 彳(척)이
더해지며 微行(미행)에서처럼 '몸을 숨기고 다니다'의 뜻도 발생했다.

이별의 아픔과 노년의 쓸쓸함이
담긴 글자들

우주라는 공간 속에서 우연, 또는 필연으로 만나게 된 사람들은 언젠가는 반드시 헤어지게 되어 있다. 그걸 모를 리 없지만, 생이별이든 죽음으로 인한 사별이든 남아 있는 사람의 고통은 말할 수 없이 크다. 그렇다면 離別(이별)이라는 글자는 어떻게 만들어졌는지 살펴보기로 하자.

이별의 아픔은 어떻게 표현했을까?

離
떠날 이

떠날 離(이)는 산에 사는 신령한 짐승을 뜻하기도 하는 떠날 이(离)와 새 추(隹)로 짜여 있다. 여기서 离(이) 자는 '사로잡다'와 '날짐승'을 뜻하는 금(禽)과 관련이 깊은데, '날짐승 禽

(금)'은 자형 상부를 이루는 부수(人+文+凵)와 발자국 유(内)로 구성되어 있다. 갑골문이나 금문을 보면 긴 자루나무 끝에 그물을 맨 그림이었으며 한나라의 소전으로 오면서 현재의 자형과 비슷한 유형을 지니게 되었다.

그래서 대부분이 자형 상부를 今(금)으로 보면서 소리요소로 파악하는데, 나의 생각은 좀 다르다. 문자라는 것은 학문의 발달과 함께 다양한 의미가 추가된다는 점을 간과해서는 안 된다. 글자 역시 사유 체계의 발달과 함께 사물을 본뜬 상형(象形)의 회화적인 단순함에서 벗어나 보다 세부적인 요소가 가미된 지식을 담게 되기 때문이다.

禽(금) 자에는 이러한 글자의 발달 과정이 잘 담겨 있다. 자형 상부를 이루는 부수들을 보면, '人'은 새장의 지붕을, 무늬를 뜻하는 '文'은 아름다운 무늬를 띤 새를, '凵'은 새장을 뜻한다. 여기에 짐승 발자국을 뜻하는 内(유)를 더해 사람이 아닌 짐승임을 강조했다.

따라서 禽(금)의 전체적인 의미는 지붕(人)을 씌워 새(文)가 도망가지 못하도록 새장(凵)에 가두어(内)두었다는 것이니, 금(禽)은 곧 날짐승을 대표하는 글자로 규정되었다.

떠날 離(리)를 살펴보면 이러한 뜻이 보다 명확해진다. 날짐승을 뜻하는 禽(금) 자의 상부를 이루는 지붕(人)이 없어지게 되면 새(隹)는 새장을 벗어나 멀리 날아가버린다는 의미가 離(리) 자에 담겨 있기 때문이다.

別
나눌 **별**

나눌 別(별)은 헤어질 령(另)과 칼 도(刂)로 구성되어 있다. 另(령)은 뼈에 붙은 살을 모두 발

鰥寡孤獨(환과고독)_ 늙고 아내가 없는 홀아비, 늙고 남편이 없는 과부, 늙고 자식이 없는 외로운 사람, 어리고 부모 없는 고아는 참으로 의지할 데 없는 외로운 사람들이다.

라낸 모양을 상형한 '뼈 발라낼 冎(과)'가 변한 모양이다. ⺉(도)는 '칼 刀(도)'의 간략형으로 한쪽에만 칼날이 선 주방용 칼과 같은 모양을 상형한 것이다. 따라서 別(별)은 칼(⺉)로 뼈(口)에 붙어 있는 살(力=肉)을 도려낸다는 데서 '나누다', '구별하다'는 뜻이 발생했다.

눈물로 밤을 지새운다는 홀아비

떠나는 자는 자유로움에 새로운 세상을 만날 수 있지만 남겨진 자는 뼈를 깎는 아픔이 마음 깊은 생채기로 남는다. 이별의 아픔을 겪는 사람들 중 특히 평생을 함께할 동반자를 잃은 홀아비와 과부, 그리고 늙어서도 자식 없는 사람과 어려서 부모를 잃은 고아의 고통이 가장 크다고 하겠다. 옛사람들은 鰥寡孤獨(환과고독)이라는 사자성어로 이러한 사람들의 아픔을 표현했다.

홀아비 환

홀아비 鰥(환)은 고기 魚(어)와 눈으로 뒤따를 답(罙)으로 이루어졌다. 魚(어)는 물고기의 모양을 본뜬 상형글자다. 즉 자형 상부의 'ク' 모양은 물고기의 머리를, 중간의 '田' 모양은 몸통을, 그리고 하변의 '灬'는 지느러미를 나타낸 것이다. 일반적으로 물속에 사는 물고기의 총칭(總稱)으로 쓰이고 있다. 글자의 초기 형태인 갑골문의 자형이 비교적 잘 유지되고 있다.

眾(답)은 눈의 모양을 상형한 눈 목(目)과 물 수(氺)로 구성되었는데, 눈물을 흘리는 모습이다. 鰥(환)은 잡기도 어렵다는 전설상의 물고기로 늘 근심걱정이 많아 밤잠을 못 이루고 밤새 눈물을 흘린다는 환어(鰥魚)를 말한다. 즉 자형에서도 알 수 있듯 눈물(眾)을 흘리는 물고기(魚)로 '홀아비'의 처지와 비슷하다는 점에서 '홀아비'라는 뜻으로 가차되어 쓰이고 있다.

나이 들어 고독하고 쓸쓸한 것만큼 비참한 일은 없다. 찾아올 이도 없을 뿐더러 어딜 가도 반겨주는 사람이 없으니, 두보(杜甫) 같은 시인도 노년의 고독함을 이기지 못해 죽기 2년 전 "가까운 벗조차 편지 한 장 없고, 늙어가니 남은 건 외로운 배 한 척뿐이로구나(親朋無一字 老去有孤舟)!"라며 '악양루에 올라(登岳陽樓)'를 지어 노년의 쓸쓸함을 토로하지 않았던가!

과부 심정을 누가 알랴?

寡

적을 **과**

적을 寡(과)는 움집의 모양을 상형한 집 면(宀)과 눈을 강조하여 사람의 머리를 뜻하는 혈(頁), 그리고 나눌 분(分)으로 짜여 있다.

현재 자형은 그렇지만 금문에 보인 초기 글자에서는 집(宀) 안에 홀로 있는 사람(頁)만을 나타내 남편을 잃고 홀로된 '홀어미'의 뜻으로 쓰였으나, 소전에 이르러 칼(刀)로 어떤 물건을 나눈다(八)는 의미를 지닌 分(분)이 첨가되었다. 그래서 집(宀) 안의 물건을 사람들(頁)이 나누어(分) 가지니 '적다'라는 뜻으로 쓰였을 뿐만 아니라 여전히 '과부(寡婦)', 즉 '홀어미'라는 뜻도 유지하고 있다.

과부의 심정을 노래한 조선시대 작자미상의 '상사별곡(想思別曲)'의 일부를 요즘 말로 바꾸어 소개해본다.

인간리별(人間離別) 만사중(萬事中)에 독수공방(獨守空房) 더욱 섫다
상상불견(想思不見) 이니 진정(眞情) 제 뉘라서 짐작하리
미친 시름 허튼근심 다 후루혀 더져두고
자나깨나 깨나자나 임 못보와 가슴답답
얼인 양자(樣子) 고은소래 눈에 암암 귀에 쟁쟁
보고지고 임의 얼골 듯고지고 임의 소래
비나이다 하날님씌 님 생기라 비나이다

인간이별의 모든 일 중에서도 임 없는 빈방 홀로 지키는 것이 너무나도 서럽구나.

하염없이 생각나도 볼 수 없는 나의 심정을 누가 짐작이나 할 수 있겠는가?

가슴에 맺힌 시름일랑 쓸데없는 걱정일랑 모두 팽개쳐 던져버려도

자나 깨나 임을 볼 수 없어 가슴은 답답하고

서방님의 얼굴과 고운 목소리는 눈앞에 어른거리고 귓가에 쟁쟁한데

보고 싶구나, 임의 얼굴! 듣고 싶구나, 임의 목소리!

비나이다! 하느님께 꿈에서나마 임을 볼 수 있게 비나이다!

세상에 혼자 남겨진 고아의 외로움

外로울 고

외로울 孤(고)는 아들 자(子)와 오이 과(瓜)로 이루어졌다. 瓜(과)는 오이덩굴에 열려 있는 오이를 그린 상형글자다. 자형 외곽은 넝쿨을 뜻하고 가운데는 달랑 하나만 열려 있는 오이와 같은 열매를 의미한다. 따라서 孤(고)는 덩굴에 매달린 오이(瓜)처럼 의지할 부모가 없는 자식(子)이라는 데서 '외로움'을 뜻한다.

홀로 독

홀로 獨(독)은 큰 개 견(犭)과 누에 촉(蜀)으로 구성되어 있다. 犭(견)은 개의 모양을 상형한 犬(견)의 간략형으로 주로 자형의 좌변에 놓인다. 蜀(촉)은 누에의 상형(罒)과 고치에 싸인(勹) 번데기(虫)를 의미한다. 獨(독) 자는 이 두 동물의 식생과 관련하여 그 뜻을 지니게 되었다. 즉 큰 개(犭)와 누에(蜀)에게 먹이를 주면 오직 혼자만 먹으려 하기 때문에 적당한 거리를 유지하여 '홀로' 떼어놓아야 별탈이 없다는 데서 '홀로', '홀몸'을 뜻하게 되었다.

이처럼 '鰥寡孤獨(환과고독)'이란 홀아비와 과부, 그리고 자식이 없는 외로운 사람과 고아를 의미하게 된다. 『맹자(孟子)』「양혜왕(梁惠王)」장에는 이렇게 나온다.

"늙고 아내가 없는 홀아비, 늙고 남편이 없는 과부, 늙고 자식이 없는 외로운 사람, 어리고 부모 없는 고아(老而無妻曰鰥 老而無夫曰寡 老而無子曰獨 幼而無父曰孤노이무처왈환 노이무부왈과 노이무자왈독 유이무부왈고)는 참으로 의지할 데 없는 외로운 사람들이다."

내 삶의 배경,
가족의 의미

성씨로 본 모계사회, 부계사회

삼라만상(森羅萬象)은 음양의 조화에 의해서 그 모습을 드러낸다. 고대 동양의학에서는 인간의 생명은 어머니의 혈육(血肉)과 아버지의 골수(骨髓)를 바탕으로 태어났다고 하였다.

인간이 인위적으로 출산율을 조절하지 않아도 남녀의 성비(性比)를 거의 비등하게 맞추어가는 게 대자연의 운용 법칙이다. 오늘날에는 아들딸을 막론하고 누구나 태어나면 어느 어느 씨족을 알리는 '姓氏(성씨)'와 함께 이름이 주어지지만, 고대사회에서는 누구에게나 성씨가 부여되는 것이 아니었다.

姓(성)은 모계, 氏(씨)는 부계사회의 유산

먼저 姓(성)과 氏(씨)가 어떻게 다른지를 알아보자. 모계사회의 유풍을 보여주는 성 姓(성)은 여자 여(女)와 날 생(生)으로 짜여 있다. 女(여)는 무릎을 꿇고서 두 손을 모아 신에게 기도하는 사람을 그린 상

姓

성 **성**

형글자다. 이는 곧 부족을 이끌어가는 주도권이 여성에게 있었다는 오래된 흔적이다. 즉 이는 모계사회 때 만들어진 글자로 당시에는 남자보다는 여자가 중심이 되어 제사를 주도했었는데, 이후 부계사회로 넘어오면서 단지 여자를 지칭하는 대명사로 남게 되었다. 生(생)은 만물을 잉태한 땅(土)이 초목(屮)을 낳는 모양을 그려냈다.

따라서 姓(성) 자에는 어머니(女)의 혈통을 받아 태어난(生) 계통이라는 의미가 담겨 있다. 중원지방에서 가장 오래된 성 가운데에 女(여)자가 들어간 姜(강), 姬(희), 姚(요), 安(안), 嬴(영) 등에서 모계사회의 흔적을 엿볼 수 있다.

氏

성 **씨**

이에 비하여 남자의 상징성을 지닌 성 氏(씨)는 땅속으로 뻗어 내린 나무의 뿌리를 본떠 만든 상형글자다. 갑골문의 자형을 살펴보더라도 나무의 뿌리를 그린 모양이며 금문 역시 뿌리에 씨앗이 매달린 모양이다. 이처럼 氏(씨)는 여성으로 상징되는 땅에 뿌리를 내리고 사는 나무의 하부를 나타낸 글자로, 어머니가 한 가정의 주도권을 지닌 모계사회에서 부계사회로 넘어오면서 남성인 아버지의 계통을 나타내는 글자가 되었다.

이로 미루어볼 때 '姓氏(성씨)'란 어머니와 아버지의 계통 및 유전적 혈통을 말하며, 모계의 성을 앞에 두고 부계의 성을 뒤에 놓는 언어적 암시가 이미 양성평등의 원칙을 제시하고 있다고 볼 수 있다. 글자의 의미를 따져보자면 부계사회인 요즘 '성명'이 아닌 '씨명'으로 불러야 더 적합할 것이다.

부모의 신분을 그대로 자식이 물려받는 고대 계급사회의 유풍을 살펴보면 많은 것을 생각하게 된다. 오늘날 민주주의가 잘 정착된 국가에서는 인권의 개념이 확실히 정립되어 큰 차별이 없지만 고대사회로 거슬러 올라갈수록 사람들 간에는 엄청난 계급적 차이가 있었다. 오늘날에는 '백성'과 '서민'이라는 용어가 일반적으로 두루뭉술하게 혼용되어 쓰이지만, 그 어원을 살펴보면 하늘과 땅만큼이나 그 차이가 컸음을 알 수 있다.

성을 부여받은 특권층인 백성

일백 **백**

먼저 백성(百姓)에 대해 알아보자. 일백 百(백)은 한 일(一)과 흰 백(白)으로 짜여 있다. 一(일)은 지사글자로 만물의 근원인 태극을 나타내는 글자다. 따라서 글자의 제작에서도 一은 모든 자형의 근본이 되고 있다. 그 뜻은 첫째, 처음을 의미하면서도 만물의 근본이기에 '전체'라는 뜻도 지니게 되었다. 白(백)은 '엄지손가락'의 흰 부위를 본떴다는 설과 '사람의 머리'를 상형했다는 설이 있는

데, 갑골문에서는 白(백)과 百(백)이 혼용되다가 금문(金文)에서는 百(백)이 숫자 100을 뜻하는 것으로 정착된 것 같다.

성 姓(성)은 앞에서 살펴본 바와 같다. 이로 볼 때 '百姓(백성)'이란 모계사회에서 백여 가지의 성을 부여받은 각기 다른 공동체를 의미하며 특히 여자 女(여)가 들어간 姜(강), 安(안), 姬(희), 姚(요), 嬀(규) 등과 같은 부족을 말한다. 고대사회, 즉 춘추전국시대 이전만 하더라도 귀족 신분만이 姓(성)을 가질 수 있었으며 그 당시 백성이란 오직 지배계층인 문무백관(文武百官)만을 지칭했다.

성씨도 없는 하층민인 서민

어느 사회이건 지배계층만 있어서는 조직이 유지될 수 없다. 고대사회의 지배계층에게 부여되었던 백여 가지 성을 가진 백성(百姓) 밑으로 노예와 같은 수많은 하층민들이 존재했었다. 이들이 바로 서민(庶民)이다.

여러 庶(서)는 집 엄(广)과 스물 입(卄) 그리고 불 화(灬)로 이루어졌다. 广(엄)은 사방을 벽으로 감싼 집(宀)과는 달리 한쪽 벽만을 쌓아올린 개방형 건물을 뜻해 많은 사람이 드나드는 창고나 관청 같은 건물의 용도를 말한다. 卄(입)은 열 십(十) 두 개가 겹친 것으로 스물을 뜻하며, 灬(화)는 불 화(火)와 같은 뜻으로 주로 자형의 하부에 놓이며 모닥불이란 뜻을 지닌다.

庶(서)는 한쪽 벽면이 트인 건물(广) 안에 따뜻한 모닥불(灬)을 피우고 많은 사람(廿)들이 불을 쬐고 있는 모습을 본뜬 글자로 '무리'나 '여러 사람'이란 뜻을 지니게 되었다.

民

사람 **민**

사람 民(민)은 상형글자로 갑골문을 살펴보면 뾰족한 바늘과 같은 꼬챙이에 한쪽 눈을 찔린 사람을 뜻하는데, 고대에는 주로 죄수나 포로를 지칭하는 글자였다. 지배계층이 포로의 한쪽 눈을 멀게 하여 저항을 못하게 한 후 노동력을 착취하던 고대 노예제 사회의 무자비한 분위기를 보여주는 글자다. 본래 의미였던 '노예'에서 후대로 내려오면서 천민을 의미하다가 또다시 평민과 같은 하층민을 뜻하게 되었다.

따라서 '庶民(서민)'이란 성씨(姓氏)를 부여받지 못한 노예와 같은 하층민을 말한다. 오늘날에는 모든 사람이 성씨를 가지고 있지만 고대에는 문무백관을 뜻하는 지배계층인 百姓(백성) 외에는 모두가 노동과 같은 온갖 궂은일을 도맡아 하는 사람, 즉 庶民(서민)이었다.

성씨로 알 수 있는 조상들의 직업

모계사회의 유풍이 담겨 있는 姓(성)과 부계사회의 상징인 氏(씨)는 부족의 직업을 반영했다. 부족 중심으로 촌락을 이루어 살았던 고대인들은 다른 부족을 지칭할 때 '양을 키우는 사람들' 혹은 '질그릇을 만드는 사람들'처럼 혈연중심으로 이루어진 사람들의 직업적 특징을 호칭으로 삼았는데, 뜻글자인 한자가 만들어지면서 글자에 압축하여 성씨로 부르기 시작한 것이다.

성 **안**

모계사회를 반영한 편안하다는 뜻을 지닌 성 安(안)은 조상신을 모시는 사당을 의미하는 집 면(宀)과 女(여)로 이루어졌다. 이미 밝혔듯이 女(여)는 무릎을 꿇고서 두 손을 모아 신에게 기도하는 사람을 그린 상형글자다. 모계사회 때 만들어진 글자로 당시

성 金(김)_ 거푸집과 녹인 쇳덩이를 상형한 글자로, 고대사
회의 첨단 문명인 쇠를 다루는 부족을 말한다.

에는 남자보다는 여자가 중심이 되어 제사를 주도하게 되어 만들어졌는데, 이후 부계사회로 넘어오면서 여자를 지칭하는 대명사가 되었다.

安(안) 자의 본래 의미는 신을 모신 사당(宀)에서 고요한 마음으로 기도하는 사람(女)이다. 그러나 글자가 만들어질 때와는 달리 부계사회로 오면서 그 뜻이 여자(女)가 집안(宀)에 머물러 있어야 가족의 화목이 이루어진다는 의미로 변화되었다.

부족의 직업이 곧 성씨였던 고대사회

金
성 김

우리나라의 대표적 성씨에 담긴 뜻을 알아보자.

우리나라에 가장 많은 성 金(김) 자는 갑골문에는 보이지 않지만 금문에는 보인다. 주물(鑄物)을 할 때 쓰이던 거푸집(스)과 녹인 쇳덩이(丄)를 상형한 것에서 알 수 있듯 성 김(金)을 쓰는 부족은 고대사회의 첨단 문명인 쇠를 다루는 부족을 말한다.

李
성 이

자두나무라는 뜻을 지닌 성 李(이)를 사용하는 부족은 자두나무와 같은 과수원을 가꾸는 부족이고, 꾸밈없이 순박하다는 의미의 성 朴(박)을 사용하는 부족은 거북이를 불에 구워

성 박

성 최

성 정

성 한

점을 친다는 점 복(卜)으로 미루어 하늘의 계시를 점치는 제사장의 부족을, 높다는 뜻의 성 崔(최)를 사용하는 부족은 높은 산(山)을 오르내리며 금수(隹)를 잡아 생활하는 사냥꾼의 부족임을 알 수 있다.

그리고 성 鄭(정)을 사용하는 부족은 잘 익은 술통을 상형한 酋(추)에서 알 수 있듯 술(酋)을 빚으며 살아가는 사람들(大)의 고을(阝=邑)이란 데서 술을 빚는 부족이다. 성 韓(한)은 해가 지나(暮) 해가 뜨나(旦) 나라의 강역을 지키기 위해 국경이나 성곽을 돌며(韋: 다룸가죽 위) 방어한다는 뜻으로 보아 수비를 전담하는 부족의 성이었을 것이다.

떠들썩하게 웃는다는 뜻이 담긴 성 吳(오)는 입의 모양을 상형한 구(口)와 머리기울 녈(夨)로 구성되었는데, 夨(녈)은 사람(大)이 파안대소

118

하며 즐거워하듯 머리를 뒤로 젖힌(乚) 모양을 그린 것이다. 여기에 입(口)을 강조했으니 사람들이 떠들썩하게 웃고 소리치는 모양이 담겨 있어 오(吳)를 성으로 하는 부족은 남을 즐겁게 하는 유희집단의 부족이라는 의미다.

나무를 벤다는 뜻이 담긴 성 朱(주)는, 나무를 자르고 중심부를 살펴보면 '붉은색'이 드리워 있는데, 바로 이러한 색을 표시한 지사글자라 할 수 있다. 즉 자형 상부가 나무(木)를 자를 때 사용하는 '톱'(ㅡ)의 모양이어서 주(朱)를 성으로 하는 부족은 벌목을 주로 하는 부족을 뜻한다고 볼 수 있다.

새 잡는 그물이란 뜻을 지닌 성 羅(라)는 새와 같은 날짐승을 잡기 위해 공간에 쳐놓은 그물 망(罒)과 새(隹)를 잡아서 도망가지 못하도록 발에 실(糸)을 묶어둔 모양을 그려 '밧줄', '매다'가 본뜻인 밧줄 유(維)로 이루어졌다. 이 모양에서 알 수 있듯, 라

(羅)를 성으로 하는 부족은 그물을 이용해 새 사냥을 전문으로 했던 부족을 의미한다.

盧
성 노

밥그릇 혹은 화로라는 뜻을 지닌 성 盧(노)는 호피무늬 호(虍)와 밭 전(田), 그리고 그릇 명(皿)으로 짜여 있는데, 요즘처럼 집과 온돌이 없던 옛날에는 주로 동굴에 살며 차가운 벽면에 호랑이 가죽(虍)으로 치장하고 가운데 큰 그릇(皿)에 모닥불(田)을 피워 추위를 이겨냈다는 점으로 볼 때, 노(盧)를 성으로 하는 부족은 밥그릇이나 화로를 제작하는 부족을 의미한다.

姜
성 강

姚
성 요

굳세다는 뜻을 지닌 성 姜(강)은 양의 모습을 상형한 양 양(羊)과 여자 여(女)로 구성되었기에 양(羊)을 기르며 사는 여성(女) 중심의 부족을 지칭한 것으로 볼 수 있다. 예쁘다는 뜻으로 쓰이는 성 姚(요)는 거북이의 배 껍질로 점친다는 내용을 담은 '兆(조짐 조)'에서 알 수 있듯 제사를 주관하는 부족의 성이 되었을 것이다.

다양한 성씨만큼이나 다채로운 직업

陶
질그릇 **도**

언덕 부(阝=阜)와 질그 릇 도(匋)로 짜여 있는 질그릇 陶(도)는 옹기를 구워내는 가마를 형상 화했다. 즉 보통 가마는 언덕(阝)에 비스듬히 토굴 형태로 내부 공간을 감싸(勹) 안듯 조성하여 그 안에 진흙으로 빚은 질그릇(缶)을 적당히 배치하여 불을 지펴 굽는 다는 점으로 미루어, 도(陶) 씨는 질그릇이나 옹기를 구워내는 부족의 성씨임을 알 수 있다.

張
베풀 **장**

梁
들보 **양**

활시위(弓)를 힘껏 잡 아당긴다(長)는 데서 '벌 리다', '당기다'의 뜻을 지녔을 뿐만 아니라 활 시위를 벌린다는 데서 '베풀다'의 뜻을 지닌 베 풀 張(장)을 성씨로 한 부족은 활을 만들거나 쏘는 부족을 말하고, 들 보나 나무다리의 뜻을 지닌 들보 梁(양)을 성으로 한 부족은 집을 짓거 나 교량을 놓는 목수를 직업으로 했음을 알 수 있다.

청렴하고 검소하다는 뜻의 성 廉(염)은 두 개의 볏단(秝)을 손으로 잡아서(彐) 곡식을 저장하는 창고(广)에 쌓고 있는 모양을 그린 것으로 보아 벼농사를 주업으로 한 부족을, 치렁치렁 길게 늘어진 옷이란 뜻을 지닌 성 裵(배)는 두루마기와 같이 약간은 비대칭(非)인 의복(衣)을 만드는 부족을, 사람을 죽인다는 뜻을 지닌 성 劉(유)는 쇠(金)로 만든 도검류(刀, 刂)로 죄인을 단죄하는 부족을 지칭했다. 또한 죄인에게 묵형을 가하거나 고문을 하는 쇠로 만든 뾰족한 꼬챙이를 상형한 매울 辛(신)을 성씨로 한 부족은 고문하는 일이 직업이었음을 알 수 있다.

나눈다는 뜻을 지닌 성 班(반)을 성씨로 한 부족은 여러 종류의 옥(珏)을 조각칼(刂=刀)로 가공하는 직업을 가진 부족을, 우마차의 바퀴

班
성 반

車
수레 차

麻
성 마

모양을 상형한 수레 車 (차)를 성씨로 한 부족은 수레를 다루며 운수업계에 종사하는 부족을, 성 麻(마)를 성씨로 한 부족은 개방형 건물과 같은 창고(广)에 삼 껍질을 벗겨 잘게 째어 한데 묶어 걸어둔 삼실(朮)이라는 데서 삼베 옷감을 뜻하기도 하는 대마를 재배하여 옷감을 짜는 일을 주업으로 했음을 알 수 있다.

사람의 특성에 따라 지어진 이름
- 자호(字號)

이 세상에 태어난 사람이라면 누구에게나 주어지는 이름, 즉 名(명)은 어떤 종류와 어떤 용도를 지녔을까? 이름에도 연령대에 따라 여러 가지 형태가 있다. 즉 아명(兒名), 관명(冠名), 자(字), 아호(雅號), 시호(諡號) 등이 바로 그것이다.

아명(兒名)은 어린아이 때의 이름이다. 아명은 무병장수를 기원하면서 아주 천하게 짓는데, '개똥이', '돌쇠' 등과 같이 아무렇게나 지어 불렀다. 아이 兒(아)는 앞서 설명했듯 아직 숨골이 닫히지 않은 갓난아이의 모습을 상형한 것이다.

이름은 깜깜한 밤에 누군지를 식별하기 위한 것

이름 名(명)은 저녁 석(夕)과 말하는 사람의 입 모양을 상형한 입 구(口)로 짜여 있다. 夕(석)에 대해 허신은 『설문』에서 "夕은 저녁이라는 뜻이다. 달이 반쯤 보이는 모양이다."라고 하였다. 해가 서산으로 지고

名
이름 **명**

반달이 동쪽 산허리에 걸친 모양이라 할 수 있다. 갑골문에는 반달 모양으로 그려져 있어 月(월)이나 夕(석)의 구분이 뚜렷하지 않았다. 그러다 후대로 오면서 月(월)은 달 자체를 뜻하게 되고 夕(석)은 밤을 뜻하다가, 밤을 뜻하는 夜(야)의 등장으로 夕(석)은 또다시 해질녘으로 세분화되었다.

따라서 名(명)은 깜깜한 밤(夕)에는 그 사물이나 사람의 구체적인 특징을 입(口)으로 말하여야 구분할 수 있음을 반영한 것으로 '이름'을 뜻하게 되었다. 그러므로 兒名(아명)이란 무병장수를 염원하며 역설적인 의미를 부여하여 정식으로 이름을 짓기 전에 친근하게 불렀던 이름이다. 대한제국 황제였던 고종의 아명은 개똥이, 조선시대 정승 황희의 아명은 도야지(돼지)였다.

冠
갓 **관**

冠名(관명)이란 나이 20세가 되었을 때 머리를 올리고 받는 이름이다. 사람의 머리(元) 위에 천으로 만든 모자, 즉 갓을 손(寸)으로 씌워주는(冖) 모양으로 고대의 성년식인 관례를 치르는 모습을 담아 '갓'이라는 뜻을 부여한 것이 갓 冠(관) 자에 담긴 뜻이다. 이처럼 冠名(관명)은 어른이 되어서 갖게 되는 이름으로, 아무 때나 사용하는 이름이 아니다.

字
글자 자

또 다른 이름인 字(자)는 집안의 어른이 지은 이름으로 관명 대신에 사용하는 이름인데, 대개 형제의 차례에 따라 지었기에 맏아들의 경우에 첫째의 뜻을 지닌 원(元)이나 백(伯), 맹(孟) 등과 같은 특정한 글자를 넣어 지었다.

글자 字(자)는 집의 모양을 본뜬 집 면(宀)과 아직 잘 걷지 못하는 아이의 모양을 상형한 아들 자(子)로 짜여 있다.

고대의 풍속에서는 아이가 태어나 일정 기간이 지나면 비로소 가족의 일원으로 여기고 조상을 모신 사당에 보고하는 의식을 치렀다. 이때 아이에게 이름을 지었는데, 그것이 바로 字(자)다. 자는 대체로 혼인한 후에 본이름 대신 부르는 이름으로 일상생활에서는 다른 사람들이 주로 이 자를 불렀다. 보통 윗사람에게는 자신의 관명을 사용하지만 동년배 이하의 사람에게는 자를 사용했다.

자신의 취향을 드러낸 아호

雅
맑을 아

호(號)는 자 이외에 쓰는 아명(雅名)으로 학자, 문인, 서화가들이 가지는 또 하나의 이름이며 아호(雅號)를 말한다.

맑을 雅(아)는 어금니 아(牙)와 새 추(隹)로 짜여 있다. 牙(아)에 대해

126

『설문』에서는 "牙는 어금니를 뜻하며, 위아래가 서로 어긋나 있는 모양을 본떴다."라고 하였다. 그러나 이빨의 형태를 자세히 살펴보면 齒(치)는 치근(齒根)이 하나인 앞니와 송곳니를 나타내며, 또한 자형 상부는 맷돌과 같은 역할을 하는 어금니 상부를 그려냈고 자형 하부는 치근(齒根)이 둘인 모습으로 그려져 있다. 따라서 이 전체를 말할 때는 치아(齒牙)라고 해야 옳은 표현이 된다.

또 隹(추)에 대해서도 허신은 "隹는 꽁지가 짧은 새들을 아우른 명칭이며, 상형글자이다."라고 하였다. 꼬리가 긴 새는 鳥(조)라 하며, 비교적 짧은 꽁지를 가진 참새나 도요새 등을 지칭할 때는 隹(추)에 다른 부수를 더해 참새 雀(작)이나 도요새 雊(금)과 같은 글자를 만들었다.

따라서 雅(아)는 큰 부리를 가진 새(隹)의 일종인 까마귀가 어금니(牙)나 부리를 부딪쳐 내는 소리가 곱고 맑다는 데서 '맑다', '아름답다'의 뜻을 지니게 되었다.

號
부르짖을 호

부르짖을 號(호)는 부를 호(号)와 범 호(虎)로 구성되었다. 号(호)에 대해 『설문』에서는 "号는 아플 때 내는 울부짖는 소리다. 口(구)가 丂(교) 위에 있는 모양으로 구성되었다."라고 하였다. 여기서 丂(교)는 숨이 턱 막히듯 말을 하지 못함을 뜻하는데, 그러한 와중에서도 입(口)을 벌려 울부짖는 모양을 그리고 있다.

호랑이의 모습을 그대로 본뜬 虎(호)의 자형 상부는 머리를, 가운데(厂과 七)는 늘름한 몸통을, 그리고 하부는 사람의 발(儿)을 가차하여 그린 상형글자다. 다른 부수에 더해 새로운 자형을 만들 때는 보통 하부의 발(儿)을 생략한 채 虍(호)만을 사용하는데, 그래도 호랑이라는 본뜻은 그대로 있다. 지금이야 통신수단이 발달해 수백 리 떨어져 있는 곳에서도 의사전달이 가능하지만, 옛날에는 호랑이(虎)처럼 포효하듯 불러야(号) 강 건너나 들판 저편의 사람과 의사전달이 가능했다.

雅號(아호)는 본인과 인연이 있는 장소나 지명을 따서 짓기도 했고 보통 자신의 특성을 감안하여 부르기 좋게 지었다. 부모로부터 받은 현재의 이름이 마음에 들지 않는다면 자신이 직접 멋진 아호를 지어도 괜찮을 듯싶다.

마지막으로 살펴볼 諡號(시호)는 벼슬한 사람이나 관직에 있던 선비들이 죽은 뒤에 그 행적에 따라 왕으로부터 받은 이름으로 그들의 공덕을 칭송하여 추증(追贈)하는 칭호(稱號)다.

諡
시호 **시**

시호 諡(시)는 말씀 언(言)과 작은 쟁반 혜(盇)로 구성되었다. 盇(혜)는 益(익)과 같은 뜻을 지닌 글자로 물 수(水)와 그릇 모양을 상형한 명(皿)으로 이루어졌다. 여기서의 水(수)는 옆으로 뉘어 있는 모양인데, 바로 그릇(皿) 위로 물이 넘치는 모양을 회화적으로 표현하여 '더하다', '이롭다', '넘치다' 등의 뜻을 지니게 되었다. 따라서 諡(시) 자는 죽은 사람의 업적을 기리기 위해 이로운(盇) 말씀(言)을 내린다는 뜻이다.

형제자매와 백중숙계(伯仲叔季)로 본 가족 체계

　부계사회에서는 한 부모에게서 태어났더라도 남녀의 성별에 따라 그 차별이 매우 심했다. 시대상이 담겨 있는 한자에서도 이러한 차별을 엿볼 수 있다. 남성 중심의 유교적 사회이다 보니 어쩔 수 없는 현상이라지만, 유별나게 그 차별이 심했다. 여자 여(女)가 부수로 쓰인 많은 글자들에서 그러한 증거를 확보할 수 있다.

　이와 관련한 글자에 대한 설명은 잠시 뒤로 미루고 먼저 형제자매의 의미를 살펴보기로 하자. 앞에서 살펴보았듯 맏아들을 뜻하는 형兄(형)은 제사를 지낼 때 무릎을 꿇고서 신에게 고하는 역할을 맡은 사람이라고 하였다.

弟
아우 제

아우 弟(제)에 대해 『설문』에서는 "弟는 부드러운 가죽으로 묶는 순서를 뜻한다."라고 하

農繁期(농번기)_季(끝 계)는 어린아이가 머리 위로
벼이삭을 들고 있는 모양으로, 수확철에는 어린아이
까지 동원할 정도로 바쁨을 나타내 계절의 '끝'이란
뜻과 함께 '철'을 의미하게 되었다.

였다. 즉 활(弓)은 탄력성이 뛰어나야 하는데, 그것을 보강하기 위해 물소 뿔(丿)을 적당한 크기로 덧대어 가죽 끈(丫)을 이용해 활(弓)의 끝에서부터 차례차례 묶는 모습을 그린 것이다. 그래서 본래 '차례'라는 뜻이었으나 형과 아우를 구별하기 위해 '아우'라는 뜻으로 쓰이게 되자 별도로 차례가 분명한 대(竹)를 더해 '차례 第(제)'를 만들었다.

여자와 관련된 대부분의 글자도 남성 중심의 관점으로 제작

姉
손윗누이 **자**

일반적으로 여자를 지칭하는 姉妹(자매)도 그 글자의 어원을 살펴보면 남자 중심의 관점으로 만들어졌음을 알 수 있다.

손윗누이 姉(자)의 본래 자형은 姉(자)다. 자형 우측(朿)은 '그칠 자'인데 초목이 자랄 대로 자라 그 성장을 멈추었다는 뜻을 지니고 있다. 이에 따라 姉(자)는 남자아이보다 먼저 태어나 성장을 멈출 정도로 자란 여자(女)라는 데서 '맏누이', '손윗누이'를 뜻하게 되었다. 어디까지나 아들을 기준점으로 삼은 것이다.

妹
손아래누이 **매**

손아래누이 妹(매) 역시 그러한 관점에서 만들어졌다. 구성 요소인 '아닐 未(미)'는 나무 끝을 본뜬 상형글자다. 즉 나무(木)의 끝(一)은 완전하게 자라지 않은 모양이어서 아직은 분명치 않기 때문에 '아니다'라는 부정의 뜻과 함께 미래적 뜻을 지닌 '아직은 ○○이 아니다.'라는 의미를 지니게 되었다. 따라서 妹(매)는 남자아이보다 늦게 태어나 아직은 덜 자란(未) 여자(女)라는 데서 '손아래누이'라는 뜻을 지니게 되었다.

그래서 姉妹(자매)란 본래는 남자의 관점에서 손윗누이와 손아래누이를 지칭한 것이었으나, 요즘에는 여자형제간을 이르는 것으로 일반화되었다.

남자의 태어난 순서인 백중숙계(伯仲叔季)의 의미

伯

맏 **백**

남아선호 관념이 뚜렷했던 부계사회에서는 여자에게는 없는 남자형제의 차례를 표현하는 백중숙계(伯仲叔季)라는 글자를 따로 만들었다.

맏 伯(백)은 사람 인(亻)과 흰 백(白)으로 이루어졌다. 亻(인)은 서 있는 사람을 옆에서 본 모양을 본뜬 人(인)의 변형자이며, 다른 부수의 좌변에 주로 놓는다. 白(백)은 '엄지손가락'의 흰 부위를 본떴다는 설과 '사람의 머리'를 상형했다는 설이 있는데, 갑골문에서는 白(백)과 百(백)이 혼용되다가 금문(金文)에 이르러 百(백)이 숫자 100을 뜻하는 것으로 정착되어 희다는 뜻을 가진 白(백)과 구분되기 시작했다. '희다'는 뜻으로 주로 쓰이기는 하지만 사람의 머리를 상형했다는 설이 있어서인지 '아뢰다'는 뜻도 있다.

이에 따라 伯(백)은 형제를 대표하여 윗사람에게 아뢰는(白) 사람(亻)이란 데서 '맏아들'뿐만 아니라 '우두머리(패)'라는 뜻을 지니게 되었다. 형제 중에서 엄지손가락(白)에 해당하는 사람(亻)이 '맏'이나 '우두머리'란 뜻을 지닌 것으로도 유추할 수 있다.

버금 仲(중)은 사람이 서 있는 모양을 상형한 인(亻)과 가운데 중(中)으로 구성되었다. 中(중)은 간단한 자형임에도 다양한 의견이 제시되고 있다. 갑골문에 새겨진 모양은 어떠한 공간을 나타낸 '口' 모양에 긴 장대(丨)를 세워둔 모양인데, 장대의 상부에는 두세 가닥의 깃발도 함께 그려져 있다. 현재의 자형은 소전에 이르러 보다 간략해졌다. 가운데 쓰인 '口' 모양에 대해서는 부족이 모여 사는 마을이라는 설, 바람의 방향을 측정하기 위한 판이라는 설, 장대의 그림자로 시간을 알기 위해 달아놓은 나무틀이라는 설, 해의 변형으로 정오를 뜻한다는 설 등 다양한 주장이 있다.

갑골문과 금문을 참조해보면 마을(口)의 중앙 광장에 부족의 상징인 깃발을 단 장대(丨)를 세웠다는 데서 '중앙', '가운데'라는 뜻을 지닌 것으로 유추할 수 있다. 따라서 仲(중)은 형제들 중에서 가운데(中)인 사람(亻)이란 데서 첫째가 아닌 '버금', '다음', '가운데'라는 뜻을 지니게 되었으며 보통 둘째아들을 뜻한다.

셋째부터 막내 바로 위 형제는 통틀어 叔(숙)

叔
아재비 **숙**

아재비 叔(숙)은 콩 숙(尗)과 또 우(又)로 이루어져 있다. 尗(숙)은 금문에 보이는데, 한 줄기의 콩나무를 상형한 것이다. 즉 땅 위(上)로 자란 어리고 작은(小) 콩 포기를 뜻한다. 又(우)는 오른손을 세 손가락으로 줄여서 만든 상형글자로 왼손에 비해 자주 쓰기 때문에 '또', '다시'라는 의미로 확장되었으나 다른 자형에 더해질 때는 주로 '손'이라는 뜻을 지닌다.

따라서 叔(숙)은 손(又)으로 어린 콩(尗) 포기를 솎아준다는 데서 본래 '콩'이란 뜻으로 쓰였지만, 형제들 중에서 작은아버지를 뜻하는 '아재비', '숙부'라는 뜻으로 가차되어 쓰이자 풀 초(艹)를 더해 '콩 菽(숙)'을 별도로 만들었다. 예를 들어 오형제가 있다면 첫째와 둘째, 그리고 막내를 제외한 셋째와 넷째를 말한다.

季
끝 **계**

끝 季(계)는 벼 화(禾)와 아들 자(子)로 짜여 있다. 禾(화)의 자형은 갑골문에도 보이는데, 곡식의 이삭이 익어 수그러진 모습을 본뜬 상형글자다. 고개를 숙인 이삭(丿)과 좌우로 뻗은 잎사귀(一), 그리고 줄기(丨)와 뿌리(八)로 그려져 있다. 특히 벼는 곡식

중에서도 가장 으뜸인 점을 감안하여 모든 곡식의 총칭으로 쓰이기도 한다.

따라서 季(계)는 아직 노동을 하기에는 힘이 부친 어린아이(子)가 머리 위로 벼이삭(禾)을 들고 있는 모양인데, 오곡을 거둬들이는 수확 철에는 노동력이 부족해 어린아이까지 동원할 정도로 바쁨을 나타내 계절의 '끝'이란 뜻과 함께 '철'을 뜻하게 되었다. 형제들 중에서는 '막내'를 표현할 때 쓰인다.

이상에서처럼 남자형제의 차례를 뜻하는 伯仲叔季(백중숙계)는 이름의 한 형태인 字(자)를 지을 때 넣기도 하는데, 공자의 자가 중니(仲尼)라는 것으로 둘째아들임을 알 수 있듯 이름을 보고서도 몇째 아들임을 파악할 수 있다.

영원한 마음의 고향, 어머니

父

아버지 **부**

고대 동양사회에서 여자는 남자에 비해 그 지위가 현격하게 낮았지만 남자아이를 낳으면 무한한 존경을 받는 대상으로 격상되었다.

갑골문에 새겨진 아버지 父(부)는 모계사회일 때 형성된 자형으로, 손 모양을 상형한 한 '⺕(손)'에 사냥용 칼이나 창(ㅣ)을 든 모양을 표현한 것으로 수렵을 주로 했던 남자를 뜻했다. 그러다 부계사회가 확립되면서 한 가정을 이끄는 가장인 남자가 '회초리(ㅣ)'를 손(⺕)에 들고서 아이들을 가르치는 모습으로 해석하게 됐다.

끝없는 사랑으로 다독이며 아이를 길러내는 어머니

어미 **모**

모계사회이든 부계
사회든 아이를 낳아 양
육하는 어머니의 역할
은 변할 수가 없다. 성징
(性徵) 때문이다. 그래서
어미 母(모)에는 아이에게 젖을 먹여 기를 수 있는 유방이 강조되었다.
母(모)는 두 손을 마주하고서 다소곳이 앉아 있는 여자의 모양을 본뜬
女(여) 자에 유방을 가리키는 두 점(ﾉ)을 강조하여 '아이를 낳아 젖을
주는 여자', 즉 산모(産母)를 뜻했으나 '어머니'라는 의미로 쓰이게 되
었다. 고대에는 다산(多産)이 곧 축복이자 모두가 바라는 염원이었다.
그래서 아이를 많이 낳은 여자는 머리를 올려 예쁜 머리장식의 하나
인 아름다운 비녀를 꽂을 수 있었다.

매양 **매**

그러한 모습을 담은
글자가 바로 '많다'는 뜻
을 지닌 매양 每(매)로
아이를 많이 낳은 여자
만의 특권이 있었음을
알 수 있다. 머리를 올려(ﾉ) 비녀(一)를 꽂은(ﾑ) 여자(母)를 의미한 것
이다.

또한 어머니의 자식에 대한 자애로운 사랑이 깃든 가르침이 곧 가

르칠 誨(회) 자에 담겨 있다. 가르칠 誨(회)는 말씀 언(言)과 매양 매(每)로 이루어졌다. 예나 지금이나 어머니의 자식에 대한 가르침은 회초리를 든 근엄한 아버지에 비해 가슴을 울리는 말씀(言)으로, 자상하고도 부드러움으로 수없이(每) 반복하는 것이었다.

장식이 지나치게 화려하면 사회의 독

그러나 머리장식(丿)을 너무 지나치게 아름답게 하려고 어머니로서의 본분도 잊고 비녀 두 개(二)를 꽂아(亠) 뭇 남자들을 유혹하면 사회적으로도 문란해진다는 뜻을 담아 음란할 毒(애)가 만들어졌다.

그것도 모자라 도가 지나쳐 머리치장(丿)을 위해 세 개(三) 이상의 비녀를 꽂아(龶) 뭇 남자들을 유혹하는 여자

(母)의 행태는 사회질서뿐만 아니라 가정유지에도 악영향을 끼치는 독소로 간주한다는 뜻이 바로 독 毒(독) 자다.

말 **무**

이러한 음란한 행위가 계속되면 사회의 올바른 질서회복을 위해 그러한 짓을 금지시키기 마련인데, 바로 말 毋(무)에 그 뜻이 담겨 있다. 행실이 좋지 않은 여자(母)의 머리장식을 없 앴을 뿐만 아니라 세로로 빗장(丨: 뚫을 곤)과 같은 조치를 취해 음란한 짓을 못하게 했다는 데서 '말게 하다'의 뜻을 부여했다.

어머니로서의 역할은 나이가 들어 할머니가 되어서도 계속된다. 자식이 결혼을 하여 손자를 얻는 것은 할머니이자 시어머니가 됨을 의미한다.

시어미 **고**

시어미 姑(고)는 여자를 뜻하는 女(여)와 옛 고(古)로 이루어져 있다. 古(고)는 갑골문에서는 입에 문 악기를 뜻하기 도 하지만 다른 뜻도 있다. 古(고)는 열 십(十)과 입 구(口)로 짜여 있다. 아버지와 자식 간을 보통 1세대(世代)라 하는데, 이때 쓰인 世자는 열 십(十)에 스물 입(卄)의 합자인 30을 의미한다. 따라서 옛날이라고 하면 대략 열(十) 세대(10x30=300)인 3백여 년가량을 사람들의 입(口)에서 입으로 전해져왔다는 것으로, 3백여 년 전을 뜻한다고 할 수 있다.

시어머니 고(姑)는 새로 시집온 며느리에 비해 시댁에서 오랫동안 (古) 살아온 여자(女)라는 데서 '시어미'를 뜻하지만, 시아버지와 오누이 간의 여자인 '고모'를 뜻하기도 한다.

권위의 상징이었던 시어머니

그 옛날 한 가정의 안팎을 조율했던 훌륭한 여성은 어머니로서뿐만 아니라 시어미로서도 남성 못지않게 그 위세가 드높았고 또한 동시에 포용력을 갖춘 존재였다. 위용(威容)이라는 단어를 살펴보면 그러한 속내를 알 수 있다.

威
위엄 위

위엄 威(위)는 도끼 월(戌)의 변형인 개 술 (戌)과 여자 여(女)로 이루어져 있다. 戌(월)은 부족 내의 큰 의식을 치를 때 위엄과 권위를 나타내기 위해 장식용으로 활용했던 '큰 도끼' 모양의 무기를 말한다. 女(여)는 무릎을 꿇고서 두 손을 모아 신에게 기도하는 사람을 그린 상형글자였는데, 부계사회로 넘어오면서 여자를 지칭하는 대명사로 남게 되었다고 이미 설명했다.

따라서 威(위)는 모계사회 때의 유풍을 담은 글자로, 그 의미는 가정 내의 모든 일을 관장했던 여자(女) 가장의 위엄을 나타내기 위해 거실과 같은 곳에 큰 도끼(戌)를 걸어두었던 것을 그린 것으로 보인다. 이러한 위엄은 부계사회로 넘어오면서는 다만 '시어머니'로서의 역할로 축소되었을 것이다. 그래서 위(威) 자는 '위엄'을 뜻하면서도 '시어머니'라는 뜻을 지니고 있다.

容
얼굴 **용**

얼굴 容(용)은 집 면(宀)과 골 곡(谷)으로 짜여 있다. 갑골문에 그려진 宀(면)은 지붕뿐만 아니라 양 벽면을 길게 늘어뜨려 그려져 깊숙하고 은밀한 내부 모양을 암시하고 있다. 주로 사람이 거주하며 사는 집을 뜻한다.

谷(곡)의 아래 입 구(口) 자는 물이 흐르는 여울 가운데 놓인 돌이나 바위(石)를 의미하며 위에 쓰인 겹쳐진 '八'의 형태는 돌 양옆으로 비껴 흐르는 물살의 모습을 본뜬 것이다. 따라서 시냇가 가운데 놓인 바위(口)와 그것을 비껴 흐르는 물살(겹친 八)을 상형, 골짜기를 회화적으로 그린 글자로, 산과 산 사이에 위치한 '계곡'을 뜻한다.

따라서 容(용)은 사람 및 각종 가재도구를 받아들이는 집(宀)과 온 산에서 흘러드는 작은 여울의 물을 받아들이는 텅 빈 계곡(谷)의 수용성을 유추하여 '받아들이다'는 본뜻을 갖게 되었는데, 하나의 작은 우주인 사람에 빗대어 눈, 코, 귀, 입이 있는 '얼굴'은 보고 듣고 먹고 숨쉬는 등 몸의 정상적인 활동을 위해 '받아들이는 역할'을 하기에 '얼굴'이라는 뜻으로까지 그 의미가 확대되었다.

이와 같은 글자 구성의 여건을 고려했을 때 '威容(위용)'이란, 때로는 근엄하게 위엄을 보이다가도 모든 흉허물을 받아들이는 내면의 마음

자세까지를 말한다. 시어머니라고 해도 며느리를 구박하기보다는 엄격하면서도 자애로운 사랑으로 감싸 안아야만 윗사람으로서의 위용을 갖추었다고 할 수 있겠다.

조상신에 대한 숭배의식이 담긴 제사 문화

고대 동양인들의 의식이 반영되어 있는 한자에는 제사(祭祀)와 관련된 글자가 참으로 많다. 아마도 이는 조상을 중시했던 유교가 사회 질서를 이루는 주요 이념이었기 때문일 것이다. 조상신이나 자연신과 관련한 글자들 대부분에는 제단의 모양을 상형한 示(시) 자가 들어간다.

보일 **시**

그러면 이 보일 示(시)에 대해 살펴보자. 示(시)는 제사를 지내기 위한 제단(祭壇)을 본뜬 상형글자인데, 자형 상부의 一(일)은 조상신이나 천신에게 올린 제물을, 가운데 자형(丁)은 제단을, 그리고 좌우로 삐친 자형(八)은 제물에서 흘러나온 피를 의미하는 것으로 본다. 그래서 신성한 신에게 정성을 드러내 '보이다'라는

의미였으나 후대로 내려오며 '보일 시' 외에도 '땅 귀신 기'와 '둘 치'로
의미가 확장되었다.

따라서 이 示(시) 자가 들어가는 글자는 '귀신' 혹은 '신령하다'는 의
미를 담게 된다. 그러나 갑골문을 참조하지 못한 한나라의 문자학자
허신은 示(시)에 대해 『설문』에서 "示는 하늘이 상(象)을 드리워 사람
들에게 길흉(吉凶)을 보여주는 것이다."라고 하였다. 그러면서 자형 상
부의 두 획(二)은 윗 상(上)의 옛글자로 보았으며, 자형 하부의 세 획
(小)에 대해서는 해(日)와 달(月), 그리고 별(星)을 상징한다고 하였다.

제사는 어떻게 표현했을까?

제사 제

그렇다면 옛사람들은
신에 대한 숭배의식인
제사를 어떻게 글자로
표현했을까?

제사 祭(제)는 육달
월(月=肉)과 또 우(又) 그리고 보일 시(示)로 짜여 있다. 갑골문의 자형
을 살펴보면 핏방울이 떨어지는 고깃덩이(肉)를 손(又)으로 잡고 있는
모양이며, 제단을 뜻하는 示(시)가 더해져 오늘날의 자형을 갖춘 것은
금문에 이르러서다. 따라서 祭(제)에는 살코기(肉=月)를 바른손(又)으
로 집어 제단(示)에 올려놓고 제사를 지낸다는 뜻이 담겨 있다.

이때 제사를 모신 주관자는 철저하게 제단을 살펴야 한다는 의미
가 察(찰) 자에 담겨 있다. 살필 察(찰)은 집 면(宀)과 앞에서 살펴본 제

察
살필 **찰**

사 제(祭)로 짜여 있다. ᅩ(면)은 지붕과 양 벽면을 본뜬 것으로 보통 맞배지붕처럼 대칭구조로 이루어진 지붕 형태를 취한 집을 의미하는데, 여기서 집(ᅩ)은 선영의 위패를 모시는 사당을 뜻한다.

이에 따라 察(찰) 자에는 사당(ᅩ)에서 제사를 지낼 때는 몸을 목욕재계한 후 깨끗한 손(又)으로 제물(肉)을 제단(示)에 올려야 하며, 제주는 올린 제물에 잡스런 것들이 끼어들지는 않았는지 잘 살펴보아야 한다는 의미가 담겨 있다.

祀
제사 **사**

이렇게 제물을 제단에 올리고 예를 갖춘다는 의미의 글자가 있는데, 바로 祀(사) 자가 그것이다. 제사 祀(사)는 제물을 올린 제단을 상형한 示(시)와 뱀 사(巳)로 이루어졌다.

巳(사) 자는 갑골문에도 보인다. 본래 모태에서 자라고 있는 아기의 모양을 상형한 것이었지만 무릎을 구부리고 있는 갓난아이라는 뜻도 함께 지니고 있다. 그러나 은나라 때부터 날짜를 기록한 간지(干支)의 여섯째 지지(地支)로 쓰이면서 '뱀'이란 뜻으로 가차되었으며 오전 9시에서 11시까지의 시간과 음력 4월을 의미한다.

따라서 祀(사)는 제단(示) 앞에 무릎을 꿇고(巳) 절을 하는 모양을 나

타낸 글자로 '제사'란 뜻을 지니게 되었으며, 일반적으로 큰 제사(示)
는 오전 9시에서 11시(巳)에 지낸다는 뜻도 함축되어 있다.

제물로 바쳐진 희생물로 만들어진 글자

이때 바치는 희생(犧
牲)의 제물은 주로 어떠
한 동물이었을까? 바로
소와 양이었다. 犧(희)
자를 살펴보면 그 답을
찾을 수 있다.

희생 犧(희)는 소 우(牛)와 숨 희(羲)로 이루어졌다. 牛(우)는 소의 뿔
과 몸통을 강조한 상형글자다. 소는 농경 문화권에서는 농사일을 맡
아하는 동물이며 또한 사람을 대신해서 천제(天祭)에 바치는 제물로
상서로운 동물이다. 따라서 돼지(豕)나 말(馬), 코끼리(象) 등은 네 다리
를 그려 글자를 만든 반면 신성한 의미의 소(牛) 자에는 다리가 그려져
있지 않다. 그래서 牛(우) 자는 어떤 중요한 물건(物件)을 나타내거나
제사와 관련된 희생(犧牲)과 같은 의미로 쓰이고 있다.

羲(희)는 양 양(羊)과 빼어날 수(秀), 그리고 창 과(戈)로 구성되었다.
羊(양)은 예부터 상서로운 동물로 여겼는데, 두 뿔과 몸통 및 네 발 그
리고 꼬리 모양을 본뜬 상형글자다. 羊(양)은 牛(소)와 함께 신에게 바
치는 대표적인 동물이다.

秀(수)는 벼 화(禾)와 이에 내(乃)로 구성되었다. 禾(화)는 볏 대(木)에
서 이삭이 여물어 드리워진(丿) 모양을 본떠 만든 상형글자로 '벼'를

祭祀(제사)_제사를 모시는 주관자는 철저하게 제단을
살펴야 한다는 의미가 察(찰) 자에 담겨 있다. 즉 사당
에서 제사를 지낼 때는 목욕재계한 후 깨끗한 손(又)으
로 제물(夕)을 제단(示)에 올린다.

뜻한다. 특히 벼는 곡식 중에서도 가장 으뜸인 점을 감안하여 모든 곡
식의 총칭으로 쓰이기도 한다.

乃(내)는 대화 중 말을 잇기가 어려울 때 '이에'와 같이 뜸을 들이며
뒷말을 이어주는 조사역할을 하지만, 여기서는 곡식의 이삭이 길게
늘어진 모양을 뜻한다. 즉 많은 벼 이삭(禾) 중에서도 튼실하게 알곡을
맺어 길게 고개를 숙인(乃) 것을 나타내어 '빼어나다'의 뜻을 부여했
다. 또한 戈(과)는 긴 나무자루 끝에 날카로운 창과 낫과 같이 또 다른
가지가 달린 무기를 나타낸 상형글자다.

따라서 犧(희)는 조상신이나 하늘과 땅에 제사를 지낼 때 소(牛)나
양(羊) 중에서도 빼어난(秀) 놈을 잡아(戈) 제단에 바친다는 데서 '희생
하다'의 뜻을 지니게 되었다.

희생 생

제물을 바치는 의도
가 무엇이었는지는 牲
(생) 자에 잘 함축되어
있다. 희생 牲(생)은 희
생의 제물로 바치는 대
표 동물인 소를 상형한 우(牛)와 날 생(生)으로 이루어졌다.

生(생)은 만물을 잉태한 땅(土)이 초목(屮)을 낳는 모양을 그린 것이
다. 여기서 生(생)은 소리요소이기는 하지만 한자의 모든 자형이 그렇
듯 뜻도 없이 쓰이는 경우는 없다. 고대인들이 조상신이나 하늘과 땅
에 희생의 제물을 바치며 제사를 지내는 데는 자자손손(子子孫孫) 끊임
없이 복덕이 이어지기를 간절히 소망하는 생생부지(生生不止)의 정신
이 담겨 있다. 자손만대까지 상생(相生)의 기운이 이어지기를 소망하

는 의식이다.

따라서 牲(생) 자에 담긴 의미는 제단에 바치는 대표 동물인 소(牛)를 희생물로 올려 자자손손 그 복덕이 이어지도록(生) 기원하는 의식이라는 데서 '희생하다'의 뜻을 갖게 되었다.

종묘(宗廟)와
재실(齋室)

조상님의 위패(位牌)를 모시고 제사를 지내는 공간으로, 한 나라의 역대 임금을 모신 종묘(宗廟)와 일가를 이룬 씨족의 위패를 안치한 재실(齋室)을 들 수 있다. 먼저 종묘의 의미부터 살펴보자.

역대 임금과 왕비의 위패를 모신 종묘

마루 宗(종)은 지붕과 벽면을 본떠 사람이 사는 집을 뜻하는 집 면(宀)과 제물을 올린 제단을 상형한 보일 시(示)로 구성되었다. 따라서 宗(종)은 집(宀) 안에 한 문중의 역대 조상신을 모시는 제단(示)을 갖춘 집을 말하며, 보통 맏아들로 이어온 집을 종갓집이라 한다. 별도의 사당을 갖추지 못했을 때는 그 공간을 마루에 설치

宗
마루 종

했기 때문에 '마루'라는 의미도 지니게 되었다.

廟
사당 묘

사당 廟(묘)는 집 엄(广)과 아침 조(朝)로 이루어졌다. 广(엄)은 지붕은 있지만 사면의 벽 중 일부는 애초부터 쌓지 않고 개방한 차고나 조정의 건물을 말한다. 朝(조)는 열 십(十)과 이를 조(早), 그리고 달 월(月)로 짜여 있다. 여기서 해 일(日)의 상하에 배치된 두 개의 十(십)은 잡풀 우거질 망(茻)의 간략형이다.

따라서 전체적인 내용은, 날을 밝히는 해(日)는 아직 풀(茻) 속에서 나오지 않았고 대신 달(月)이 서쪽 하늘가에 남아 새벽을 밝히고 있다는 데서 朝(조)는 '아침'이라는 뜻을 갖게 되었다. 또한 이른 아침에 신하들이 어전회의를 하며 임금을 '알현하다'는 뜻과 '조정'이라는 뜻도 있다. 廟(묘)는 조정(朝)을 이끈 역대 왕들의 위패를 안치하고 제례를 지낸 집(广)이란 데서 '사당'이라는 뜻을 지니게 되었다.

宗廟(종묘)란 조선 시대의 역대 임금과 왕비의 위패를 모시는 조선 왕조의 사당을 말한다. 태조 3년(1394)에 착공하여 정전을 짓고 세종 3년(1421)에 영녕전을 세웠으나 임진왜란 때 타버리고 광해군이 즉위(1608)하면서 재건한 것이 현재 종로 3가에 남아 있으며, 사적 제125호인 종묘는 1995년에 유네스코 세계문화유산으로 지정되었다.

조상의 위패를 모신 재실

다음으로 한 씨족의 종갓집이나 그로부터 갈라져 나온 문중의 종가에서는 제사만을 모시는 사당을 건축하게 되는데, 이를 보통 재실이라고 한다. 종가(宗家)는 제사 문화를 반영한 부계중심의 유산이다.

재계할 재

재계할 齋(재)는 가지런할 제(齊)와 제물을 올리는 제단을 상형한 보일 시(示)로 이루어졌다. 齊(제) 자를 자세히 살펴보면 갑골문에는 창끝 모양 그림 세 개가 나란히 그려져 있는데, 대부분 이것을 보리이삭과 같은 곡물로 해석하고 있다. 그러나 현재의 자형인 齊(제)를 눈여겨보면 그 변화가 매끄럽지 못하다. 도(刀)나 氏(씨), 그리고 중앙부의 辛(신) 모양은 모두가 도검류와 관련이 깊으며 자형 하부는 그것을 가지런히 꽂을 수 있는 대(臺)라 할 수 있다. 이에 따라 齊(제)는 창이나 도검류를 나무로 만든 형틀에 가지런히 꽂아놓은 모양이란 데서 '가지런하다'는 뜻을 지니게 되었다는 것이 필자의 생각이다.

齋(재)는 조상의 위패를 모신 제단(示)에 나아갈 때 의복은 물론 마음까지도 가지런하게(齊) 해야 한다는 데서 '재계하다', '엄숙하다'는 뜻을 지닌다.

집 室(실)은 벽으로 둘러쌓은 지붕을 인 집을 상형한 집 면(宀)과 이

室
집 실

를 지(至)로 이루어졌다. 至(지)에 대해 『설문』에서는 "至는 새가 높은 곳으로부터 날아와 땅으로 내려온다는 뜻이다. 一(일)로 구성되었으며, 一(일)은 땅을 뜻하고 상형글자다. 위로 올라가지 않고 아래로 내려온다는 뜻이다."라고 하였다.

갑골문에도 보이는데, 혹자는 화살이 멀리에서 날아와 땅에 꽂히는 모양을 본뜬 것이라고 해석하기도 한다. 그러나 하늘로 날아갔던 새가 땅으로 내려오는 모습을 담은 상형글자로 보는 게 일반적이다. 새가 하늘로 날아가 잘 보이지 않는 것을 不(불)이라 하여 '무엇 무엇이 아니다'라는 부정적인 의미를 부여했고, 그 날아갔던 새가 다시 땅에 이르는 것을 至(지)라 하였다.

따라서 室(실)은 외출했던 사람이 돌아와서 이른(至) 곳이 집(宀)이란 데서 '집'을 뜻하게 되었으며, '방'이란 의미와 함께 주로 집에만 머문 사람은 곧 '아내'라는 뜻으로도 확장되었다. 이에 따라 齋室(재실)이란 집안 한쪽 별도의 공간에 엄숙한 마음으로 조상의 위패를 모시는 방을 의미했으며, 권세 있는 종가에서는 별도의 건물인 재각(齋閣)을 세우기도 하였다.

家
집 가

종가의 집 家(가)는 집 면(宀)과 돼지 시(豕)로 구성되어 있으며 한 집안을 의미한다. 당내

(堂內)라고도 하는 '한집안'이란 보통 8촌 이내의 같은 성씨(姓氏)를 가진 사람들을 말한다. 家(가) 자가 만들어질 당시에는 돼지는 귀한 존재였다. 그래서 한집안의 제사를 모신 집(宀)에서는 돼지(豕)를 길러 결혼이나 초상과 같은 대사(大事)를 치를 경우 제물로 활용하는 한편 손님을 위한 음식용으로 대접했다.

이로 미루어볼 때, 宗家(종가)란 크게는 한 문중의 시조를 모시는 종갓집을 의미하는 '宗'과 작게는 8촌 이내의 동성동본(同姓同本)으로 구성된 한집안의 종갓집을 의미하는 '家(가)'로 이루어져 있다.

자손의 번창을 의미하는 향과 형

누릴 **향**

이렇듯 집안에 재실을 마련하면서까지 조상신을 모신 것은 당대는 물론 자손의 번창을 기원하는 고대인들의 뜻이 담긴 것으로, 享(향)과 亨(형) 자를 통해 가늠할 수 있다.

누릴 享(향)은 성곽 위에 높다랗게 지은 건물을 상형한 높을 고(高)의 생략형(亠)과 아들 자(子)로 이루어졌다. 여기서 高(고)의 생략형인 '亠+口' 모양은 곧 조상신을 모셔놓은 사당을 뜻한다.

갑골문이나 금문에는 子(자)가 아닌 제사용 그릇 모양(曰)이었는데 후대로 오면서 변했다. 아들을 낳으면 조상신을 모신 사당에서 꼭 선조에게 알리는 의식인 제사를 지냈는데, 이는 곧 자손만대까지 복락을 누리려는 소망이 담긴 절차였다.

亨(향) 자와 비슷한 자형의 형통할 亨(형)은 높을 고(高)의 생략형 중 윗부분(亠)과 子(자)를 대신한 마칠 료(了)로 이루어졌다. 了(요)는 산모의 뱃속에서 양손을 몸에 붙인 채 막 출산되는 모양을 본뜬 것으로 해산이 '끝났다'는 데서 '마치다'의 뜻이 발생했다.

따라서 亨(형) 자는 조상신의 위패를 모신 사당(亠)에 제물을 올리고 제사를 마치면(了) 모든 일이 잘 풀린다는 데서 '형통하다'는 뜻이 발생했다.

亨
형통할 **형**

제사는 선조의 유훈(遺訓)을 지키고 후손들의 단합이 이루어지는 자리

옛 어른들은 제사를 통해 선조들이 남긴 유훈(遺訓)을 후손들이 지켜가도록 했고 함께 남은 자들의 화목과 단합을 도모하기도 하였다. 그렇다면 할아버지 이상의 조상을 뜻하는 先祖(선조)라는 단어에는 어떠한 의미가 담겨 있는지 살펴보자.

오늘의 나를 있게 한 선조의 의미

먼저 선

먼저 先(선)은 갈 지(之)의 변형과 어진사람 인(儿)으로 짜여 있다. 之(지)는 발 모양을 상형한 지(止) 자 아래에 출발선을 뜻하는 '一' 모양을 더한 글자로 갑골문과 금문에도 보이는데 어디론가 간다는 의미가 담겨 있다. 儿(인)은 사람의 두 발을 상형한 것으로 주로 자형의 하부에 놓는다. 사람을 뜻하는 人(인)은 놓이는 위치에 따라 좌측 변에 놓을 때는 '亻', 우측 변에는 '匕', 그리고 단독으로 쓰일 때는 '人'으로 쓴다.

따라서 先(선)은 앞서서 가는(之) 어질고 본받을 만한 사람(儿)이란 뜻이다. 갑골문에도 왼발을 뜻하는 止(지) 모양과 儿(인)으로 그려져 있어, 사람의 앞에서 가다는 뜻을 지닌 것으로 본다.

조상 **조**

조상 祖(조)는 제사를 지내기 위해 제물을 올린 제단을 상형한 보일 시(示)와 또 차(且)로 이루어졌다. 且(차) 자가 형성된 배경에는 두 가지 주장이 있다. 첫 번째는 허신이 『설문』에서 주장한 "且는 제물을 바칠 때 사용하는 것이다. 几(궤)로 구성되었으며 다리에는 두 칸으로 만든 가로대가 있고 一(일)은 그 아래의 땅이다." 라고 한 내용이다. 제수용품으로 쓰인 고깃덩어리를 담아 제사상에 올리는 두 개 층의 나무틀인 셈이다. 그러나 '且'가 '또', '장차'라는 의미로 쓰이자 그 의미를 명확히 하고자 고기 육(肉)의 생략형을 더해 '도마 俎(조)'를 따로 만들었다.

두 번째의 주장은 '남성의 성기'를 상형한 것이라는 설이다. 갑골문을 살펴보면 발기한 남성의 성기 모양으로 그려져 있는데, 특히 귀두부가 강조되어 있다. 이는 곧 남아선호사상을 반영한 것으로, 비석과 함께 무덤 양편에 조형된 망주석(望柱石)의 모양 역시 이와 무관하지 않을 것이다.

飮福(음복)_제사에 참여한 후 잘 발효된 좋은 술로 화목
을 다지는 후손들. 遵(준)에는 윗사람에게 잘 익은 술(酋)
을 공손히 두 손(寸)으로 바치어 예를 따른다(辶)는 뜻
이 담겨 있다.

따라서 祖(조)는 한 일가를 이룬 시조부터 신위(示)가 대대로 차례차례 쌓여(且) 있음을 상징적으로 그려내 '조상' 및 통칭하여 '할아버지'란 뜻을 지니게 되었다.

遺
남길 **유**

訓
가르칠 **훈**

귀중한 보물(貴)을 남기고 간다(辶)는 데서 '남기다', '물려주다'의 뜻을 지니게 된 남길 遺(유)에 덧붙인 訓(훈)에는 어떠한 의미가 담겨 있을까?

가르칠 訓(훈)은 사람의 입에서 나오는 소리를 그린 말씀 언(言)과 내 천(川)으로 짜여 있다. 川(천)은 사람의 손길이 닿은 인공적인 하천을 말한다. 즉 자형의 가운데 'ㅣ'이 물줄기를 뜻하고 좌우는 인공적으로 쌓아올린 제방을 의미한다. 고대의 정책 중 가장 중요한 일이 곧 물길을 다스리는 치수(治水)였듯이 제방을 쌓아 물이 범람하지 않도록 했음이 川(천) 자에 담겨 있다.

따라서 訓(훈) 자에는 냇물(川)이 위에서 아래로 흐르듯 억지가 아닌 자연스러운 이치를 좇아 다정다감한 말(言)로써 '가르치고, 타이르다'는 뜻이 담겨 있다. 그러므로 遺訓(유훈)이란 선조들이 후손을 위해 남긴 가르침의 말씀이다.

선조의 정신을 지켜간다는 뜻의 준수

주자는 『중용(中庸)』을 주석한 『중용장구(中庸章句)』 제19장에서 제사에 대해 자세히 서술했는데, "제사를 마친 뒤 연회를 베풀 때에는 머리카락의 색으로써 어른과 아이를 구별했는데, 앉는 차례를 정하기 위함이다(祭畢而燕 則以毛髮之色別長幼 爲坐次也)."라고 하였다. 제사에 참여한 모든 후손들은 촌수를 따져 웃어른에게는 술잔을 올리고 동기간에는 음식을 나누며 일가(一家)의 질서를 지키고 화목을 다졌다. 이러한 의도를 담아낸 것이 遵守(준수)라는 단어다.

좇을 준

좇을 遵(준)은 쉬엄쉬엄 갈 착(辶)과 술그릇 준(尊, 높을 존)으로 짜여 있다. 辶(착)의 본래 자형은 辵(착)으로 가다 (彳) 서다(止)를 반복하며 쉬엄쉬엄 가다는 뜻을 지닌다. 辵(착)의 자형 그대로 쓰이는 경우는 드물고 다른 글자와 합하여 새로운 글자로 불어날 때는 辶(착)으로 간략화되어 쓰인다. 따라서 辶(착)과 더해 만든 글자 중에는 빠를 迅(신)처럼 발걸음을 재촉하는 뜻으로 쓰이기도 하고, 더딜 遲(지)와 같이 멈추어 선 듯한 의미로도 활용되고 있다.

尊(준, 존)은 우두머리 추(酋)와 마디 촌(寸)으로 구성되었다. 酋(추)는 항아리에 담긴 술(酉)을 오랫동안 잘 발효시켜 좋은 향이 퍼짐(八)을 표현한 자형이다. 잘 발효된 좋은 술은 우두머리와 같은 높은 사람이 마실 수 있어서 '추장' 혹은 '우두머리'라는 뜻으로도 확장되었는데, 본뜻은 '잘 익은 술'이란 뜻이다.

寸(촌)은 여러 가지 의미가 있는데 이 자형에서는 두 손으로 바친다는 뜻이다. 잘 익은 좋은 술(酋)을 두 손(寸)으로 들고서 제사상 혹은 윗사람에게 바치는 모양에서 '높이다', '공경하다'는 뜻을 지니게 되었다. '높이다'는 뜻으로 할 때는 '존'으로 읽지만 '술잔'과 같은 제기(祭器)의 용도로 쓰일 때는 '준'으로 발음한다. 따라서 遵(준)은 윗사람에게 잘 익은 술(酋)을 공손히 두 손(寸)으로 바치어 예를 따른다(辶)는 뜻이다.

지킬 수

지킬 守(수)는 지붕과 양 벽면을 본뜬 집 면(宀)과 마디 촌(寸)으로 구성되었다. 寸(촌)에 대해 한대의 문자학자 허신은 『설문』에서 "寸은 10分(분)의 길이다. 사람의 손끝에서 손목 쪽으로 1寸(촌)을 거슬러 맥이 뛰는 곳을 촌구(寸口)맥이라 하며 又(우)와 一(일)로 구성되었다."라고 하였다. 寸(촌)이 단독으로 쓰일 때는 '마디'나 '촌수', '마음'이라는 뜻으로 쓰이기도 하며 다른 부수와 합해질 때는 주로 손의 용도로 쓰인다.

따라서 守(수)에는 집안(宀)의 위계질서를 위해 촌수(寸)를 따져 항렬(行列)을 '지키다'는 뜻이 담겨 있다. 이로 미루어볼 때, 遵守(준수)란 앞사람이나 윗사람들이 만들어놓은 전례 혹은 규칙을 따르며 지키는 것을 말한다. 누구나 앞사람이 되고 어른의 위치에 놓이게 되니, 오늘나의 행실이 곧 뒤따라오는 사람들에게는 이정표가 될 수 있음을 생각하면 한 걸음 내딛기도 못내 조심스럽다.

금화벌초(禁火伐草)를 위한 성묘

동양의 여러 나라 중에서도 우리만큼 조상에 대한 예를 깍듯이 갖추는 나라가 또 있을까? 사후까지 묘지를 관리하고 제사를 모시는 '동방예의지국'다운 면모가 아직까지도 면면히 이어져오고 있다.

왜 산소라 했을까?

山
뫼 산

허허벌판의 중국 대륙과는 달리 산이 많은 우리나라는 대부분 묘지를 산에 안장해 山所(산소)라고 부른다.

뫼 山(산)은 세 개의 봉우리를 상형한 것이며, 바 所(소)는 지게 호(戶)와 도끼 근(斤)으로 짜였다. 戶(호)는 사람이 거주하는 방으로 통하는 외짝 문을 말하며, 보다 큰 문은 두 짝으로 만들어진 門(문)으로 집

初입의 대문 등을 말한
다. 斤(근)은 도끼 모양
을 본뜬 상형글자다. 따
라서 所(소)는 땔나무를
하기 위해 주로 사용하
所
바 소

던 도끼(斤)는 눈에 잘 띄는 방문(戶) 곁 시렁과 같은 일정한 장소에 놓
아둔다는 데서 '곳'이라는 뜻을 지니게 되었다.

대부분의 묘는 둥그
렇게 봉분(封墳)을 쌓아
올린다. 봉할 封(봉)은
홀 규(圭)와 손을 뜻하는
마디 촌(寸)으로 구성되
封
봉할 **봉**

었다. 圭(규)는 흙 土(토)를 겹쳐 쓴 형태인데, 고대인들이 하늘에 제를
올리기 위해 흙을 쌓아 만든 제단(祭壇)을 의미한다. 즉 손수(寸) 흙을
쌓아(圭)올린다는 것이다. 그래서 봉분이란 무덤(墳: 234쪽 참조)을 만들
기 위해 흙을 쌓아올린 것(封)을 의미한다.

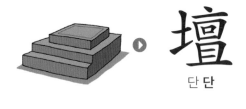

이러한 봉분 앞에는
제물을 올릴 수 있는 壇
(단)을 쌓는다. 단 壇(단)
은 흙무더기를 쌓은 모
양을 상형한 흙 토(土)와
壇
단 **단**

믿음 단(亶)으로 이루어져 있는데, 亶(단)은 곳집 름(亩)과 아침 단(旦)

으로 구성되었다.

亩(름)은 수확한 곡식을 넣어두는 창고의 모양을 상형한 것으로 곳간이나 창고의 뜻을 지닌 '곳집 廩(름)'의 옛글자다. 旦(단)은 동쪽 땅(一) 위로 해(日)가 솟아오르는 모양으로 '아침'이란 뜻이 담겨 있다. 일용할 양식이 가득 들어차 있는 곳간(亩)에 찬란한 아침햇살(旦)이 비추니 주인 된 입장에서는 보는 것만으로도 '미덥고' 마음이 '흐뭇했을' 것이다.

따라서 壇(단)은 천지의 신에게 제사를 지내기 위해 장방형으로 된 창고(亶)처럼 흙(土)을 쌓아올려 만든 '단'이나 '제터'라는 뜻이다.

조상의 묘지를 찾는 이유는

살필 **성**

과거에 후손들은 이렇듯 묘를 수시로 찾았는데 요즘에는 주로 설날과 추석 양대 명절에만 省墓(성묘)를 하고 있다.

잘 살펴본다는 뜻을 지닌 살필 省(성)은 어떠한 사물을 자잘하게 쪼갠 모양을 나타낸 '적을 소(少)'와 사람의 눈 모양을 상형한 눈 목(目)으로 구성되었는데, 아주 작은 것(少)까지도 자세하게 들여다본다(目)는 데서 '살피다'의 뜻을 지니게 되었다. 산야에 쌓여 있는 일반적인 흙이 아니라(莫) 사람을 매장하며 쌓아올린 특별한 모양의 흙(土)무더기인 무덤을 살펴보는 게 省墓(성묘)인 것이다.

이러한 성묘의 목적은 산소의 잔디가 불에 타지 않도록 관리하기 위한 것일 뿐만 아니라 초목이 웃자라지 않도록 풀을 베고 가꾸는 데 있다. 이를 사자성어로 표현한 것이 '禁火伐草(금화벌초)'다.

묘지가 불에 타지 않고 잔디가 잘 자라야

금할 禁(금)은 수풀 림(林)과 제물을 올린 제단을 상형한 보일 시(示)로 이루어져 있다. 林(림)은 두 개의 나무 목(木)으로 구성되어 있는데, 나무들(林)이 우거진 수풀을 뜻하게 되었다. 따라서 禁(금) 자에는 나무가 우거진 울창한 숲(林)에 신을 모시는 제단(示)은 신성한 곳이라 아무나 들지 못하도록 한 데서 '금지하다'의 뜻이 생겼다.

불 火(화)는 불길이 피어오르는 모양을 상형한 것인데 『설문』에서는 "火는 불이다. 남쪽 방위를 뜻하는 오행 중의 하나로 불꽃이 위로 솟아오르는 것이다. 상형글자다."라고 하였다. 갑골문에도 보이는데 山(산)의 자형과 유사하다.

칠 伐(벌)은 서 있는
사람의 모양을 상형한
사람 인(亻)과 창 과(戈)
로 짜여 있다. 戈(과)는
긴 나무자루 끝에 날카

로운 창과 낫과 같이 또 다른 가지가 달린 무기를 나타낸 상형글자다.
이러한 창은 싸움에 쓰이는 무기를 뜻하기 때문에 다른 자형에 더해
지면 '전쟁'과 같은 의미를 지니게 된다. 따라서 伐(벌) 자는 갑골문을
고려할 때, 사람(亻)의 목을 겨냥해 창(戈)으로 '찌르고', '베는' 모양으
로 새겨져 있는 데서 '치다', '베다', '찌르다' 등의 뜻이 생겨났다.

풀 草(초)는 풀 초(艸)
의 약자인 초(卄)와 새벽
조(早)로 구성되었다. 두
개의 屮(초목의 싹)로 짜
여 있는 풀 艸(초)는 대

부분의 자형에서 글자의 상부에 놓일 때는 卄(초)로 약칭되었고, 하부
에 놓일 때는 十 자나 大 자로 더욱 간략화되어 쓰이고 있다. 早(조)는
태양을 본뜬 해 일(日)과 열 십(十)으로 구성되었으며 자형 하부의 十
(십)을 해가 뜬 높이를 가늠하여 시간을 알 수 있는 '측량 막대'로 해석
한다.

그러나 '아침 朝(조)'를 보면 해(日)를 중심으로 상하에 풀 초(卄)의
생략형으로 십(十)을 배치하고 달(月)을 첨가하여 '아직 해는 수풀 속

朝
아침 **조**

에 잠겨 있고 달은 서녘 하늘가에 걸려 있는 새벽'을 뜻한 데서 볼 수 있듯, 卓(조)는 이제 막 수풀(十) 속을 벗어나 떠오르는 해(日)의 운행 시점을 본뜬 것임을 알 수 있다. 따라서 수풀 위로 솟아오르는 이른 아침의 태양(卓) 빛에 더욱 선명하게 보이는 것이 풀(卄)이라는 의미를 갖는 글자가 바로 草(초)이다.

제사는 화복(禍福)을
부를까?

화복동문(禍福同門)이라 하였다. 재앙이나 축복은 모두 자기 스스로가 부르기 때문에 같은 문으로 온다는 얘기다. 이는 모두 마음의 문제다. 매사에 정성스러운 마음을 다하면 재앙과 같은 화(禍)는 올 겨를이 없다고 하였다. 축복이란 하늘이 내리는 게 아니라 오직 자신이 불러오는 것이다. 禍福(화복)이란 글자를 풀어보면 옛사람들의 이러한 생각을 엿볼 수 있다.

재앙이란 무엇을 말하는가?

示咼

재앙 **화**

재앙 禍(화)는 제사를 지내기 위해 제물을 차려놓은 제단을 본뜬 상형글자 보일 시(示)와 입 비뚤어질 괘(咼)로 짜여

3장 내 삶의 배경, 가족의 의미

169

있다. 상서롭지 못한 뜻을 지닌 咼(괘)는 뼈 발라낼 과(冎)와 입 구(口)로 구성되었다. 冎(과)에 대해 허신은『설문』에서 "冎는 사람의 살을 도려내고 뼈만 남겨둠을 뜻하는 상형글자로 머리의 융기된 뼈를 말한다."라고 하였다.

『열자(列子)』에 보면 "염(炎)나라 사람들은 자신의 친척이 죽으면 살을 도려내어 버린다."라고 하였다. 즉 사체(死體)의 살보다는 뼈를 중시하는 장례 풍습으로, 유골(遺骨)이 동기감응(同氣感應)에 따라 후손에게 영향을 미친다고 본 고대 동양 사람들의 생각이 반영된 것이다. 따라서 살을 발라낸 앙상한 뼈(冎)만으로 된 입(口)은 비뚤어져 보인 데서 '입이 비뚤어지다'의 뜻을 지니게 되었다.

한편 살코기가 붙어 있는 골(骨)이 살을 다 발라낸 괘(咼)로 변화(骨→咼)되었다는 데에는 교훈적 의미가 담겨 있다. 즉 조상이나 신(神)에게 제사를 지내는데, 살코기는 자기들이 다 발라먹고 남은 뼈(冎)를 제사 상(示) 위에 올려놓고 적당히 형식만 갖추어 주문 외듯 나불거려(口)보았자 오는 것은 '재앙'뿐이라는 것이다.

정성스러운 마음으로 빚은 술을 올리다

福
복 복

이와는 반대로 누구나 바라는 복 福(복)은 보일 시(示)와 가득할 복(畐)으로 구성되었다. 여기서 畐(복)은 향기로운 술이 가득 담긴 술병을 본떠 만든 상형글자다. 정성스럽게 빚은 향기

鼓腹擊壤(고복격양)_배를 두드리고 땅을 치며 태평을 노래하다. 喜(희)
자는 북(壴)을 두드리며 즐거이 노래(口)하는 모습으로, 조상신(示)을 잘
모시면 늘 기뻐(喜)할 수 있는 '복'이 내린다는 뜻이 담겨 있다.

로운 술을 술병(畐) 가득 담아 제사 상(示)에 올려놓으면 축복이 내린 다는 뜻이 담겨 있다. 비단 조상에게 제사를 지내는 일뿐만 아니라 매 사에 정성을 쏟으면 복은 저절로 오게 되어 있다.

'禍福(화복)'이란 자기 스스로가 불러들이는 불행과 행복을 말한다. 화와 복 짓는 일은 오직 자기 자신이 불러들이는 것이니만큼 누구를 탓할 일이 아니다. 지금 처한 상황을 돌이켜보고 평소 자신의 언행이 화를 불러오고 있는지 아니면 복된 일을 짓고 있는지 살펴야 한다는 경계의 뜻이 글자에 담겨 있다.

祈
빌 기

禱
빌 도

고대인들이 조상을 재앙을 내리는 존재라 기보다는 후손들에게 축복을 주는 친근한 신 (神)으로 여겼다는 흔적 을 많은 글자에서 찾아 볼 수 있다.

인간의 가장 소박한 마음이 담긴 빌 祈(기)는 보일 시(示)와 도끼 근(斤)으로 이루어져 있다. 집안에 모신 제단(示)에 도끼(斤)를 올려놓고 땔나무 혹은 사냥감이 많이 잡히도록 간절하게 바란다는 데서 '빌다', '고하다'의 뜻이 발생했는데, 부족의 규모가 커 지면서 전쟁에 앞서 제단에 도끼를 올려놓고 승리를 빈다는 뜻으로도 확대되었다. 또한 빌 禱(도) 역시 신(示)에게 오래 살 수 있도록(壽: 95쪽 참조) 빈다는 뜻이 담겨 있다.

조상신은 결코 벌을 내리지 않는다

祉
복 지

복 祉(지)에는 조상신(示)을 모신 사당에 자주 발걸음(止)을 하게 되면 '하늘에서 행복이 내린다'는 믿음이 담겨 있다.

祛
떨 거

나쁜 기운을 떨어 없애버린다는 뜻을 지닌 떨 祛(거)는 보일 시(示)와 갈 거(去)로 이루어졌다. 갑골문에 그려진 去(거)는 사람의 모습을 본뜬 大(대)와 고대인들의 주거지인 동굴을 의미하는 口(구) 모양이다. 사람(大)이 주거지인 동굴(口)을 떠나 어디론가 간다는 뜻이 담겨 있다. 오물을 버리는 구덩이 위에서 대변을 보는 사람의 상형이라는 설도 있는데 그래서 본뜻을 '버리다'로 보기도 한다. 祛(거)에는 조상신(示)을 잘 모시면 재앙을 일으키는 나쁜 기운이 없어(去)진다는 뜻이 담겨 있다.

또한 기쁘고 경사스러운 복을 내린다는 뜻이 담긴 복 禧(희)는 보일 시(示)와 기쁠 희(喜)로 이루어졌다. 喜(희)에 대해 『설문』에서는 "喜는 기뻐한다는 뜻이다. 壴(주)와 口(구)로 구성되었다."라고 하였다. 여기서 자형의 상부를 이루는 악기이름 壴(주)는 받침대(丄)에 올려진 북

(吉)을 상징하며, 자형 하부의 입 구(口)는 노래 부르는 모습이다. 따라서 喜(희) 자는 북(효)을 두드리며 즐거이 노래 (口)하는 모습으로, 조상신(示)을 잘 모시면 늘 기뻐(喜)할 수 있는 '복'이 내린다는 뜻이 담겨 있다.

복 희

천지신명이 도와준다는 뜻을 담은 도울 祐(우)는 보일 시(示)와 오른쪽 우(右)로 짜였다. 자신이 아닌 남을 도울 때는 주로 오른손(又)을 사용하면서 입(口)도 거들게 되니 右(우) 자는 '돕다'는 의미를 갖게 되었는데, '오른손'이라는 의미로 쓰이자 사람 인(亻)을 더해 '도울 佑(우)'를 별도로 제작했다. 친지신명(示)이 늘 곁에서 도와준다(右)는 뜻이 들어 있다.

도울 우

또한 하늘이 복을 내려준다는 복 祚(조)의 구성 요소인 乍(사)는 '잠깐'이라는 뜻과 함께 '짓다'라는 의미로도 쓰이는데, 갑골문에 나타난 자형을 보면 뚜렷하지는 않지만 옷깃을 만들

복 조

기 위해 바느질을 하는 모양이어서, 하늘의 조상신(示)이 복을 지어
(乍) 내려준다는 의미를 지니고 있다.

  이상에서 살펴본 것처럼 고대인들은 조상신과의 영속적 관계를 믿
고 살았음을 알 수 있다.

4장

삶의 고통,
질병의 치료

질병환(疾病患)이란
글자에 담긴 뜻

인류의 역사는 질병의 역사라고 할 만큼 태고(太古)부터 인간은 몸과 마음의 고통을 안고 살아왔다. 질병으로 인한 인간의 고통은 옛사람들의 경험에서 나온 질병환(疾病患)이라는 글자에도 고스란히 담겨 있다. 옛사람들은 심신(心身)의 고통을 어떻게 글자화했을까?

고대에도 내과와 외과를 구분했다

병 질

먼저 疾(질)에 대해 살펴보자. 병 疾(질)은 병들어 기댈 녁(疒)과 화살 시(矢)로 짜여 있다. 疒(역) 자 중에 'ㅗ' 모양은 침대(一)에 누워 있는 환자(ㆍ)를 뜻하고 나뭇조각 장(爿)의 간체자 모양인 'ㅓ(장)'은 다리가 달린 침대인데, 붓으로 쓰기에 편리하게 세워놓

178

은 것이다. 그래서 疒(역) 자에 다른 자형이 더해지면 대부분 질병과 관련한 뜻을 지니게 된다.

矢(시)에 대해 『설문』에서는 "矢는 활을 통해 격발하는 화살을 말한다. 入(입)으로 구성되었고, 화살촉과 활 시위대 그리고 깃털로 만들어진 전체 모양을 본떴다. 옛날에 이모(夷牟)라는 사람이 처음 화살을 만들었다."라고 하였다. 그러나 갑골문을 보면 들 입(入) 자와는 관련이 없으며 화살 전체의 모양을 본뜬 상형글자임이 분명하다. 여기서 화살(矢)이 암시하는 것은 외상을 의미한다. 따라서 疾(질)은 전쟁터나 일터 등에서 부상을 당해 야기된 병, 즉 다른 물체에 의한 외과적 고통(矢)으로 병석에 누워(疒) 있다는 뜻이다.

병 **병**

병의 기원에 있어서 질(疾)과는 전혀 다른 병 病(병)은 병들어 기댈 녁(疒)과 셋째 천간 병(丙)으로 구성되어 있다. 갑을병정(甲乙丙丁)으로 시작되는 천간(天干)은 식물의 성장 과정을 본떠 만든 상형글자들인데, 씨앗에 뿌리가 내리고(甲), 싹이 움터 자라나(乙), 땅속(內)으로부터 나무줄기(一)가 형성된 모습이 바로 丙(병)이다. 따라서 病(병) 자에는 부상이 아닌 몸속 장부의 부조화로 발생된 내과(內)적 질환(一)으로 병석에 누워(疒) 있다는 의미가 담겨 있다.

스트레스로 인한 심인성 고통은

患
근심 **환**

앞에서 살펴본 疾病 (질병)이 몸에 나타난 것 이라면 마음으로 인한 것은 患(환) 자로 표현했 다. 근심 患(환)은 꿸 관 (串, 꼬챙이 찬)과 사람의 심장을 상형한 마음 심(心)으로 짜여 있다. 串 (관)은 꼬챙이 찬(弗)의 본래 자형으로 가운데 구멍이 뚫린 고대 화폐 의 일종인 조개나 고기(呂)를 불에 굽기 위해 긴 꼬챙이(丨)에 꿴 모양 을 본뜬 상형글자로 '꿰다', '익히다'는 뜻을 지니고 있다. 그러므로 환 (患)은 마음(心)이 꿰뚫어질(串) 만큼 아픈 질병, 요즘말로 하면 스트레 스로 인한 심인성 질환을 의미한다.

따라서 '질환(疾患)'은 외과적 부상으로 병석에 누워(疾) 있어서 심 사가 괴로운(患) 상태를 말하고, '병환(病患)'은 오장육부의 부조화로 발생한 내과적 고통으로 누워(病) 있다 스트레스(患)를 받은 상태를 말 한다.

기혈순환의 장애로 인한 통증

痛
아플 **통**

몸이 아픈 환자는 다 양한 형태로 나타나는 痛症(통증)을 호소하기 마련인데 통증이라는 글자에는 어떤 뜻이 담겨 있을까?

아플 痛(통)은 병들어 기댈 역(疒)과 길 용(甬)으로 이루어져 있다. 甬(용)의 자형 상부는 뭔가를 매달거나 들 수 있는 손잡이를 본뜬 모양과 쓸 용(用)으로 구성되었다. 用(용)은 통나무 속을 파내거나 대나무와 같이 속이 빈 '나무통' 혹은 잔가지를 엮어 만든 '울타리'를 본떴다고도 하며, 일각에서는 금문이나 소전의 자형을 보고 점사(卜)가 딱 들어맞으면(中) '사용한다'고 한 데서 유래를 찾기도 한다.

그러나 甬(용)의 금문과 소전을 살펴보면 손잡이가 달린 나무통이 유력하다. 본뜻을 살리고자 나무 목(木)을 더하여 제작한 '통 桶(통)'을 보아도 그렇다. 이러한 나무통은 곡식을 담거나 분량을 재는 기구로도 사용되었지만, 때로는 이를 두들겨 멀리까지도 소통할 수 있는 통신수단으로 활용되었는데 청동기가 보급되면서 동종(銅鐘)이 이를 대신한 것 같다.

그런데 그 뜻에 있어서 이러한 '나무통'의 용도보다는 속이 빈 통나무와 같이 담으로 둘러진 '골목길'로 더 쓰이게 되었다. 골목길(甬)이 또 다른 길로 이어져 나아갈(辶) 수 있다는 데서 '통하다'는 뜻을 지닌 '통할 通(통)' 자를 예로 들 수 있다. 따라서 痛(통)의 의미는 전신 세포에 영양분을 공급하는 혈관이나 에너지를 전달해주는 경락과 같은 길(甬)이 막혀 발생하는 통증으로 인해 병석에 누워(疒) 있다는 것이다.

증세 증

또한 환자의 고통이 어떠한지를 알 수 있는 증세 症(증)은 병들어 기댈 역(疒)과 바를 정(正)

으로 구성되었다. 갑골문에 새겨진 正(정) 자는 흙이나 나무로 만든 목책을 둘러친 성(城)을 뜻하는 '囗' 모양과 止(지)로 이루어져 있었는데, 소전에 이르러서 단순하게 '一' 모양으로 바뀌어 오늘날에 이르고 있다. 따라서 애초에 正(정)은 공격 목표인 성곽(囗)을 향해 가다(止), 즉 '정벌하다'가 본뜻이었으나 후에 파생된 의미인 '바로잡다', '바르다'로 쓰이자 본뜻을 살리기 위해 '칠 정(征)' 자를 별도로 만들었다.

이에 대해 허신은 『설문』에서 "正은 옳다는 뜻이며 一(일)로 구성되었는데, 한 곳에 멈추는 것이다."라고 하였다. 그러므로 한 곳(一)에 멈추어 서서(止) 살피는 게 '바른 일'이라는 일반적인 해석보다는 오히려 한 길(一)을 따라가도록 하는 것(止)이 '바른 일'이라는 점으로 해석하는 것이 좀 더 나을 것 같다. 止(지)는 '멈춘다'는 뜻도 있지만 많은 자형에서 '가다'는 의미로도 쓰인다. '정사 政(정)'에도 쓰였듯이 한 나라의 올바른 정치 이념에 따라 일관(一)되게 국민이 따라가도록(止) 독려(攵)하는 것이 위정자의 '바른 일'이다.

따라서 症(증)은 몸을 올바르게(正) 되돌리려는 병적(疒)인 현상을 의미한다. 몸에 나타나는 이상 현상은 빨리 신체의 기혈 순환을 정상으로 되돌리라는 신경계를 통한 신호이기 때문이다.

환자를 대하는
고대 의료인들의 자세

신체적, 정신적으로 고통받는 사람을 치료(治療)하는 의료인은 예나 지금이나 높은 사회적 위치에 있다. 치료라는 것이 수술과 같은 물리적인 행위인 의술에서 그치는 것이 아니라 심리적인 위안까지도 주어야 하는 인술(仁術)이기 때문이다.

고대인들에게 의료란

醫
의원 **의**

그렇다면 심신을 치유하는 '醫療(의료)'에는 어떤 내용이 담겨 있을까?

의원 醫(의)는 앓는 소리 예(殹)와 술 유(酉)로 이루어져 있다. 殹(예)는 醫(의) 자의 속자인 의(医)와 창 수(殳)로 구성되었다. 医(의)는 감출 혜(匸)와 화살 시(矢)로 짜

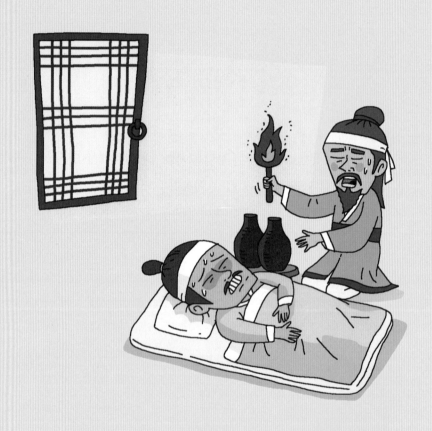

醫療(의료)_ 고대인들에게 '醫療(의료)'란 소독약의 대용으로 쓰였던 독한 술을 환부에 바르거나 먹여 통증을 완화하는 행위였으며, 한편으로는 주술적인 의미를 담아 횃불로 환자의 몸에 깃든 악귀를 물리쳐 심신의 안정을 주었던 행위였음을 알 수 있다.

여 있는데, 화살통 속에 감춰진(匚) 무기의 일종인 화살(矢)을 뜻한다.

우변의 殳(수)에 대해 『설문』에서는 "殳는 몽둥이를 사용하여 사람을 거의 죽도록 때린다는 뜻이다. 『주례(周禮)』에 '殳는 여덟 개의 긴 대쪽을 묶어 만들며 길이는 1丈(장) 2尺이다. 전차에 비치하여 여분(旅賁, 창과 방패를 잡고 왕의 수레를 엄호하는 호위병)에게 선봉에서 달리게 하였다.'고 적혀 있다. 又(우)로 구성되었고 几(수)가 소리요소다."라고 하였다.

소리요소인 几(수)는 새가 짧은 깃털로 날아간다는 뜻이라 했지만, 요즘엔 '几'가 단독으로 쓰일 때는 작은 의자인 안석 궤(几)로 쓰이고 있다. 殳가 다른 부수와 합해질 때는 주로 자형의 우측에 놓이는데, 그 뜻은 창이나 몽둥이, 나무지팡이 등의 의미로 쓰인다. 그러므로 殹(예)는 화살(矢)이나 창(殳)과 같은 무기에 상처를 입어 끙끙 앓으며 내는 신음소리를 나타낸다.

酉(유)는 술항아리의 모양을 그대로 본뜬 상형글자다. 본래 '술'이라는 뜻이었지만 열 번째 지지(地支)인 '닭'이라는 뜻으로 차용되자 액체상태의 술을 뜻하는 물 수(氵)를 더해 '술 酒(주)'를 따로 만들었다. 항간에서는 주도(酒道)를 말하면서 술 마실 때는 실수를 줄이기 위해서 닭(酉)처럼 한 모금 한 모금 물(氵)을 쪼아 먹듯 해야 한다고 풀어 말하기도 한다.

따라서 醫(의)의 전체적인 의미는 화살이나 창 등에 상처(殹)를 입어 앓아누운 사람의 고통을 줄이기 위해 알코올 함량이 높은 독한 술(酉)로 상처부위를 소독하거나 먹여 통증을 해소한다는 것이며, 이에 따라 의(醫)는 '병 고치다', '구하다'는 뜻과 함께 '의원'이라는 뜻도 지니게 되었다.

병 고칠 **료**

또한 주술적 치료 행위를 표현한 병 고칠 療(료)는 병들어 기댈 역(疒)과 횃불 료(尞)로 이루어져 있다. 尞(요)는 금문과 소전을 살펴볼 때, 자형 상하에 불꽃을 뜻하는 불 화(火)와 함께 가운데 솜뭉치나 불쏘시개와 같은 '日' 모양이 그려져 불길이 활활 타오르는 모습이다. 현재 자형에서는 이러한 의미를 도출하기 어렵게 되자 본래의 뜻을 살리기 위해 불 화(火)를 더해 '화톳불 료(燎)'를 따로 만들었다.

이에 따라 주술적인 의미를 담아 횃불(尞)로써 병들어 누워 있는 사람(疒)에게 깃든 악귀를 물리쳤다는 데서 療(료) 자에 '병을 고치다'의 뜻을 부여했다. 또한 속자로나 간체자로서 '마칠 了(료)'를 더해 간편하게 '병 고칠 疗(료)'로 쓰기도 한다.

고대인들에게 '醫療(의료)'란 소독약의 대용으로 쓰였던 독한 술을 환부에 바르거나 먹여 통증을 완화하는 행위였으며, 한편으로는 주술적인 의미를 담아 횃불로 환자의 몸에 깃든 악귀를 물리쳐 심신의 안정을 주었던 행위였음을 알 수 있다.

주술로 환자를 치료한 무당

고대에 의료행위를 하는 사람은 당집에 신을 모시고 부족의 안녕과 질서를 주관하는 무당(巫堂)이었다. 무당 巫(무)에 대해 『설문』에서는 "巫는 축원을 올리는 무당을 말한다. 주로 여자가 하는데 형상도 볼

무당 **무**

수 없는 것을 섬겨 춤을 추며 神(신)을 내리게 하는 사람이다. 두 소맷자락을 나부끼며 춤추는 사람의 모습을 본떴으며 工(공) 자와 글자의 제작 의도가 같다."라고 하였다.

고대에는 이러한 무녀에게 관직을 주어 무관(巫官)이라 했으며, 나라의 앞일을 점치거나 비를 내리게 하는 데 동원되기도 하였다. 자형 상부는 하늘(一)을, 하부는 땅(一)을 상징하며 하늘과 땅의 계시를 관통(丨)하는 사람들(从)이란 뜻이 담겨 있다. 또한 무당은 '푸닥거리'를 통해 환자에게 침입하여 질병의 원인이 된 악령을 쫓아내기도 했기 때문에 巫(무)는 고대의 의사를 뜻하기도 하였다.

없을 **무**

이러한 무녀의 행위를 표현한 글자가 無(무)다. 없을 無(무)는 자형 상부의 무(舞) 모양과 불화(灬)로 짜여 있어서 회의글자로 분류하고 있지만, 갑골문이나 금문을 보면 사람(大)이 양손에 대나무 가지 등으로 만든 도구(丯)를 들고서 춤추는 무녀(巫女)의 모습을 그린 점으로 보아 상형글자임을 알 수 있다.

자형 하부의 '灬' 모양은 불의 의미로 쓰인 게 아니라 사람의 발과 양손에 든 장신구를 나타내려 한 것이다. 신이 내려 춤을 추는 무녀의 행위는 자신의 의지와는 상관없이 몰아(沒我)의 경지에서 하는 것이다. 그래서 일시적으로 자아가 없이 춤추는 무녀의 모습을 보고서 '없다'라는 뜻이 발생했다. 無(무)가 본디 '춤추다'였으나 '없다' 혹은 '아니다'라는 뜻으로 쓰이자, 두 발 모양을 본뜬 어그러질 舛(천)을 더해 '춤출 舞(무)'를 별도로 제작했다.

치료의 공간이기도 했던 당집

집 **당**

무녀가 주로 활동하는 공간을 가리켜 당집이라 하는데, 집 堂(당)에 그 의미가 함축되어 있다. 집 堂(당)은 높일 상(尙)과 흙무더기를 쌓아올린 모양을 상형한 흙 토(土)로 이루어져 있다.

자형 상부의 尙(상)은 여덟 팔(八)과 향할 향(向)으로 구성되었다. 向(향)은 벽면을 길게 늘어뜨리고 지붕을 인 모양을 본뜬 집 면(宀)과 집의 입구를 뜻하는 입 구(口)로 이루어졌다. 고대 마을의 가옥 구조는 중앙의 광장이나 신전을 중심으로 외곽에 배치되어 있는데, 집(宀)의 입구(口)가 모두 중앙의 신전이나 특정 건물을 향하고 있다. 그래서 '향하다'라는 뜻과 함께 방향을 나타낼 때 주로 쓰이게 됐다.

尙(상)에는 집(向) 중에서도 신전과 같은 특별한 건물은 일반 가옥과는 달리 지붕 위에 깃발(八)과 같은 표식을 하여 모든 사람이 신성하게 받들어 모신다는 뜻이 담겨 있다. 특히 신성한 당집을 지을 때는 흙(土)을 돋우어 높게(尙) 지었다는 뜻이 堂(당) 자에 들어 있다.

침과 뜸, 약물의
치료 체계 확립

주술적 의미가 강한 무당(巫堂)의 치료행위가 사람들의 인식의 변화와 정신문화의 발달로 점점 변방으로 밀려나자 이를 대체할 수 있는 과학적인 치료수단이 생겨났다. 바로 동양의학의 핵심 논리인 침구약(鍼灸藥)이다.

동양의학에서는 예로부터 '一鍼二灸三藥(일침이구삼약)'이라 하였다. 우리 몸을 하나의 작은 우주로 인식한 옛사람들은 물질 이면의 작용을 주도하는 에너지, 즉 氣(기)의 소통을 우선으로 하면서 피(血)의 순환을 도모했다. 그래서 환자에게 적용하는 순서를 침, 뜸, 약으로 규정했는데, 이는 곧 약물로 인한 피해를 줄이기 위한 방안이기도 하였다.

고대인들에게 기혈은 어떤 의미였을까?

먼저 기혈(氣血)의 의미를 알아보자. 기운 氣(기)는 기운 기(气)와 쌀

미(米)로 구성되어 있다. 气(기)는 구름이나 수증기가 하늘로 올라가는 모습을 나타낸 글자로 눈에 보이지 않는 파동을 상징적으로 표현한 것이다. 그래서 보다 구체적으로 그 뜻을 나타내기 위해 쌀(米)로 밥을 지을 때 솥에서 나는 증기(气)를 덧붙여 기운의 모습을 형상화하였다. 모든 사물은 이러한 보이지 않는 기운, 즉 파동으로 연결되어 있음을 옛사람들은 이미 파악한 것이다.

혈액이라는 뜻의 피 血(혈)에 대해 『설문』에서는 "血은 제사를 지낼 때 올리는 희생의 피를 말한다. 그릇 皿(명)으로 구성되었고, 一(일)은 그릇에 담긴 피를 본뜬 것이다."라고 하였다. 고대사회에서 제사를 지낼 때는 희생 동물의 피(丿)를 그릇(皿)에 가득 담아 바쳤다. 특히 촌각을 다투는 전쟁에 앞서서는 승리를 기원하며 毛血盤(모혈반) 제사를 지냈다. 모혈반 제사란 살아 있는 동물에게서 자른 꼬리털(毛)과 피(血)를 쟁반(盤)에 담아 간략히 지내는 제사를 말한다.

우리 몸은 보이지 않는 에너지로서의 기(氣)와 영양물질을 운반하는 피(血)로 운행되는바, 고대인들은 기혈순환이 원활한 것을 건강의 첩경으로 보았다. 따라서 기혈순환의 부진을 병의 주원인으로 파악하고서 '기혈'을 치료 대상으로 삼았으며, 치료를 위해 침이나 뜸, 혹은 약물을 동원했다.

고대인들에게 최고의 치료 수단이었던 침

침 침

침 鍼(침)은 쇠 금(金)과 다 함(咸)으로 이루어져 있다. 金(금)에 대해 『설문』에서는 "金은 다섯 가지 색의 쇠를 뜻한다. 그 가운데서도 황금을 으뜸으로 여긴다. 금은 땅속에 오래 묻어두어도 녹이 생기지 않고, 백 번을 제련해도 감소하지 않으며 모양을 바꾸어도 변하지 않는다. 서쪽을 나타내는 오행이다. 흙에서 생겨나므로 土(토)로 구성되었으며 거푸집의 좌우를 부술 때 쇠가 흙 속에 있는 모양을 본떴다. 今(금)은 소리요소가 된다."라고 하였다.

이 '쇠 金(금)'은 갑골문에는 보이지 않고 금문에 보이는데, 잘 살펴보면 주물(鑄物)을 할 때 쓰이던 거푸집(厶)과 녹인 쇳덩이(土와 두 개의 점)를 상형한 것임을 알 수 있다. 그러나 대부분의 사람들이 소리요소인 금(今)의 생략형에다 흙(土)에 덮여 있는 두 덩어리(두 점)의 금을 나타낸 형성글자로 보는 경향이 많은데, 금문을 고려하지 않은 탓이다.

금(金)이라는 글자가 만들어진 시기는 상나라 이후 선진시대 청동기 문화가 활발하게 꽃피던 때로, 이는 '황금'을 의미한다기보다는 '청동(靑銅)'을 뜻했는데, 후대로 오면서 모든 쇠를 아우른 금속의 대표 명사가 되었다.

咸(함)은 개 술(戌)과 사람의 입 모양을 상형한 입 구(口)로 구성되었

다. 지킬 수(戍)와 자형이 비슷한 술(戌)은 긴 나무자루 끝에 날카로운
창과 낫과 같이 또 다른 가지가 달린 무기를 상형한 창 과(戈)와 그 무
기를 든 사람 인(人)으로 구성됐는데, 요즘에는 열한 번째 지지(地支)
로 가차되어 쓰이고 있다. 이에 따라 咸(함)은 무기(戈)를 든 병사(人)들
이 적군을 제압하기 위해 모두 함께 함성(口)을 내지른다 하여 '모두'
란 뜻을 지니게 되었다.

따라서 鍼(침)은 쇠(金)로 된 바늘로 찢어진 옷이나 터진 곳 등을 모
두(咸) '꿰매다'는 뜻으로 쓰이다가 의료용인 '침'으로 쓰이자, 쇠(金)로
만든 바늘(丨)에 실(一)을 꿴 모양을 상형한 十(십)을 더해 '꿰매다', '바
늘'의 뜻을 지닌 '바늘 針(침)'을 따로 만들었다.

옛사람들은 대우주라는 공간 에너지를 소우주인 인체와 소통시키
기 위해 기가 잘 통하는 금속성의 침(鍼)으로써 기(氣)의 흐름을 갖도
록 해 몸을 다스린 것이다.

온열요법이었던 뜸

뜸 구

또한 '뜸'은 따스한 온
기를 치료수단으로 삼
았다. 뜸 灸(구)는 오랠
구(久)와 불 화(火)로 이
루어져 있다. 久(구)에

대해 『설문』에서는 "久는 사람을 뒤에서 받치고 있는 모습이다. 사람의
두 정강이 뒤에 뭔가 달려 있는 모양을 본떴다."라고 하였다. 갑골문이
나 금문에는 보이지 않는데, 이 久(구) 자에 대해 몇 가지 설이 있다.

첫째는 한쪽 다리를 잘랐으니 그 걸음걸이가 더뎌 목적지에 다다르기까지는 '오래' 걸린다는 것, 둘째는 다리에 족쇄를 채웠으니 또한 그 걸음걸이가 '오래' 걸린다는 것, 셋째는 사람의 뒤꽁무니를 붙들고서 놓아주지 않으니 당사자로서는 아주 '길고 오래' 붙들린 것처럼 느낀다는 것, 마지막으로 사람의 등이나 엉덩이에 뜨겁게 달군 쇠붙이로 낙인을 찍게 되면 그 흔적이 '오래간다'는 것이다.

이 가운데 마지막 주장이 가장 설득력이 있다고 생각된다. 처음에는 죄수나 노예를 구별하기 위한 낙인이 후에는 뜸과 치료술로도 쓰였을 것이다. 그런데 久(구) 자가 이러한 본뜻과는 달리 '오래'라는 의미로 쓰이자, 원래의 뜻을 살리기 위해 불 火(화)를 더해 '뜸 灸(구)'를 따로 만들었다.

먹어서 즐거워야 했던 약

약 藥(약)은 풀 초(艹)와 즐길 락(樂)으로 구성되어 있다. 艹(초)는 풀 艸(초)의 간략형으로 무성하게 돋아난 풀을 뜻하며 두 개의 싹날 屮(철)로 구성되었다. 艹(초)가 다른 자형에 더해지면 초목과 관련한 뜻을 지니게 된다.

그리고 '즐길 樂(락, 풍류 악, 좋아할 요)'은 상형글자로 현악기와 타악기를 그린 것이다. 줄이나 실을 의미하는 두 개의 작을 요(幺)는 거문고, 해금, 가야금과 같은 현악기를, 가운데 흰 백(白)은 북과 같은 타악기를 본뜬 것이다. 따라서 그 의미는 나무(木)를 받침으로 한 현악기(幺)와 타악기(白)를 연주하며 즐거워한다는 것이다. 그래서 '풍류'를 뜻하기도 하고 '좋아한다'는 의미로도 쓰였다.

이를 종합해볼 때 藥(약)은, 초목(卄)의 뿌리나 잎으로 만든 것을 먹었을 때 고통이 사라지고 즐거움(樂)이 온다는 데서 '약'이나 '약초'를 뜻하게 되었다.

이상에서 살펴본 바와 같이 '鍼灸藥(침구약)'이란 인체 에너지의 통로인 경혈에 가느다란 침이나 뜸, 그리고 약물을 이용해 기혈(氣血)의 순환을 원활하게 하는 방법을 말한다. 우리 인체를 하나의 소우주로 파악한 옛사람들은 몸 또한 국부적으로 보아서는 병적 현상을 다스리기가 쉽지 않다는 것을 알고서 종합적인 치료방법을 강구했다는 사실은 오늘의 우리들에게 시사하는 바가 크다.

나이 들어감에 따라
가장 두려운 질병인 치매와 중풍

나이 들어감에 따라 대부분의 사람들이 가장 두려운 질병으로 치매와 중풍을 꼽는다. 특히 癡呆(치매)에 걸린 노인들은 '벽에 똥칠을 한다'는 표현이 있을 정도로 분별력과 통제력을 상실하게 되니 치매라는 병은 자손으로서도 어찌할 도리가 없을 뿐 아니라 온 가족에게 비극적인 삶을 가져다준다. 이러한 현상은 옛날이라고 해서 크게 다르지 않았다.

치매란 무엇을 말하는가?

癡
어리석을 **치**

어리석을 癡(치)는 병들어 기댈 역(疒)과 의심할 의(疑)로 이루어져 있다. 疒(역) 자 중에 'ㅗ' 모양은 침대(一)에 누워 있는 환자(丶)를 뜻하고, 나뭇조각 장(爿)의 간체자 모양인 '丬(장)'은 다리가 달린 침대를 쓰기에 편리하게 세워놓은 것이다. 그래서 疒(역)자에 다른 자형이 더해지면 대부분 질병과 관련한 뜻을 지니게 된다.

疑(의) 자가 갑골문에는 자형 우측이 '어떤 사람(止)이 길거리(行)에 서서 고개를 갸웃거리며(一) 뭔가를 생각하는 모양'으로 그려져 있는데, 후대로 내려오면서 현재의 자형으로 변했다. 그 의미를 보다 명확히 하기 위해 자형 좌변에 비수 비(匕)와 화살 시(矢)가 더해졌는데, 던진 비수(匕)와 쏜 화살(矢)이 어디로 날아갔는지 찾기 위해 서성이며(止) 머리를 갸웃거린다(一)는 데서 '의심하다'는 뜻이 생겨났다.

이에 따라 癡(치)는 뭔가를 생각하고 의심(疑)하는 대뇌의 기능에 병이 나 병상에 누워(疒) 있다는 데서 바보처럼 '어리석다', '우둔하다'의 뜻을 지니게 되었다. 또한 속자로서 '어리석을 痴(치)'가 병용되고 있는데, 활에서 당겨진 화살(矢)이 과녁(口)을 향해 날아가는 방향을 끝까지 지켜보아야 향방을 알 수 있다는 뜻을 담은 '알 知(지)'를 더해, 인지 기능(知)에 이상이 생겨 병상에 누워(疒) 있다는 뜻을 지니게 되었다.

어리석을 매

어리석을 呆(매)는 금문에 처음 보이는데, 강보에 싸여 있는 갓난아이를 본뜬 상형글자다. 자형 상부의 '口' 모양은 갓난아이의 머리, 가운데(一)는 아이의 두 팔, 하부는 다리(丨)를 감싼 강보(八)의 상형이다. 본래의 뜻은 '보호하다'인데, 강보에 싸인 아기는 아무것도 모르기 때문에 '어리석다'는 뜻으로 쓰이자 본뜻을 살리기 위해 사람 인(亻)을 더해 '지킬 保(보)' 자를 따로 만들었다.

이상에서 살펴본 대로 '癡呆(치매)'란 대뇌 신경세포의 손상으로 지능, 의지, 기억 등의 기능이 상실되어 마치 어린아이처럼 보살핌이 필요한 상태, 정상적인 정신 상태를 유지할 수 없는 노인성 질환을 말한다.

두렵고도 두려운 중풍이란

나이 들어서 절대 걸리지 않기를 바라는 또 다른 질병이 바로 중풍이다. 풍을 맞아 반신불수가 되면 본인의 불편함도 문제지만 주변 사람들에게도 불편을 안겨주기 때문일 것이다. 그럼 중풍(中風)의 보다 정확한 표현인 '腦卒中風(뇌졸중풍)'에 대해 알아보자.

뇌 腦

뇌 腦(뇌)는 고기 육(肉)의 변형인 육달 월(月)에 머리털을 뜻하는 '巛' 모양과 정수리 신(囟)으로 이루어져 있다. 囟(신)에 대해 『설문』에서는 "囟은 머리의 두개골이 합해진 부위를 말하며 상형글자다."라고 하였다. 갑골문에도 보이며 정수리 부위의 숨골, 즉 어린이의 머리가 단단하게 굳지 않았을 때 아직 닫히지 않은 부위를 말한다. 따라서 腦(뇌)는 머리카락(巛) 아래 단단한 두개골(囟) 속의 살(月)을 의미한다.

卒
군사 졸

군사 卒(졸)의 자형 상부는 옷 의(衣)의 변형 (衤)이며 十(십)은 많은 수를 뜻한다. 똑같은 옷, 즉 유니폼과 같이 통일된 옷(衣)을 입은 사람은 장수가 아니라 많은 수(十)의 계급 낮은 병사들이다. 전쟁이 일어나면 최전선에 나가 죽는 사람은 졸병(卒兵)들이기에 '마칠 졸'로도 쓰인다. 그리고 '갑자기'라는 뜻도 있는데, 가차된 것이다. 卒(졸) 자와도 동일한 뜻으로 쓰인다.

中
가운데 중

가운데 中(중)은 간단한 자형임에도 글자의 해석에서 다양한 의견이 제시되었다고 이미 설명했다. 그중 마을(口)의 중앙 광장에 부족의 상징인 깃발을 단 장대(丨: 뚫을 곤)를 세웠다는 데서 '중앙', '가운데'라는 뜻을 지닌 것으로 유추한다고 했는데, 命中(명중)이나 的中(적중)에서처럼 '맞다'라는 뜻도 지니고 있다.

風
바람 풍

바람 風(풍)은 무릇 범(凡)과 벌레 충(虫)으로 구성되었다. 風(풍)에 대해『설문』에서는 "風은 팔풍(八風)을 말한다.

동쪽에서 불어오는 바람은 명서풍(明庶風)이라 하고, 동남쪽에서 불어오는 바람은 청명풍(淸明風)이라 하며, 남쪽에서 불어오는 바람은 경풍(景風)이라 하고, 서남쪽에서 불어오는 바람은 양풍(涼風)이라 하며, 서쪽에서 불어오는 바람은 창합풍(閶闔風)이라 하고, 서북쪽에서 불어오는 바람은 부주풍(不周風)이라 하며, 북쪽에서 불어오는 바람은 광막풍(廣莫風)이라 하고, 동북쪽에서 불어오는 바람은 융풍(融風)이라 한다. 虫(충)으로 구성되었고, 凡(범)이 소리요소다. 바람이 일면 벌레가 생기기 때문에 8일이면 벌레(蟲)는 변화한다."라고 하였다.

風(풍)은 무릇 범(凡)과 벌레 충(虫)으로 구성된 회의글자다. 凡(범)은 본래 바람의 힘을 받아 움직이는 배의 '돛'을 뜻했으나 '무릇'이나 '평범' 등의 의미로 쓰이자, 그 뜻을 더 명확히 하고자 일정한 크기의 천(베)을 뜻하는 巾(건)을 더하여 '돛 帆(범)'을 따로 제작했다. 또한 虫(충)은 여러 벌레를 의미하는 蟲(충)의 생략형이다.

風(풍) 자의 한 요소인 바람을 추상적으로 그린 게 凡(범)인데, 바람결(凡)에 휩싸여 벌레들(虫)이 이동하는 모양을 회화적으로 그렸다. 또한 봄바람(凡)이 불면 겨우내 웅크렸던 벌레들(虫)이 깨어난다는 뜻도 유추해볼 수 있다. 따라서 '腦卒中風(뇌졸중풍)'이란 뇌가 갑자기 바람을 맞았다는 것으로, 머릿속에서 갑작스러운 기혈순환장애가 일어나 의식을 잃을 뿐만 아니라 근육운동 등의 기능이 상실되는 증세를 말한다.

질병의
진행 과정

우리 몸의 질병은 처음부터 생명을 위협하는 중증으로 시작되는 게 아니라 가벼운 경상(輕傷)에서 비롯된다. 옛사람들은 이러한 가벼운 상처를 몸과 마음으로 나누어보았다.

몸에 나타난 상처를 다칠 傷(상) 자로 표현했는데, 사람이 서 있는 모양을 상형한 사람 인(亻)과 상처 입을 상(人+昜)으로 구성되어 있다. 자형 우측의 상부에 있는 人(인)은 본래는 화살을 뜻하는 矢(시)가 변형된 것이다. 화살(矢)로 인해 상처를 입은 곳에 빨갛게 부어오른 모양을 '볕 昜(양)'으로 표현했다. 따라서 傷(상) 자는 사람(亻)이 화살(矢)과 같은 외부 물질로 인해 상처를 입어 빨갛게 부어오른 모양(昜)을 표현한 것이다. 또한 사람 亻(인) 대신 마음 심(心=忄)을

200

더하면 '근심할 傷(상)'이 되는데, 마음으로 인해 생긴 병 때문에 앓는다는 뜻이 담겨 있다.

炎

불탈 **염**

작은 상처를 잘 다스리지 못할 경우에는 염증(炎症)으로 발전하게 된다. 그러한 뜻이 담겨 있는 炎(염) 자를 살펴보자. 불탈 炎(염)은 두 개의 불 화(火)로 이루어져 있다.

갑골문의 자형은 통나무에서 불꽃이 타오르는 모양으로 새겨져 있다. 일반적으로 몸에 나타나는 염증(炎症)은 생체 조직이 손상을 입었을 때에 체내에서 일어나는 방어적 반응이다. 열이 오르고 아프며, 해당 부위가 빨갛게 붓는 증상이 피부에 생기면 차라리 치료가 쉽지만 이것이 내부기관인 위나 간, 폐 등 여러 장기에서 발생했을 경우에는 치료가 쉽지 않다.

악성종양은 어떻게 표현했을까?

腫

부스럼 **종**

염증이 더 발전하면 腫瘍(종양)으로 병적 양상이 나타나게 된다. 부스럼 腫(종)은 고기 육(肉)의 변형인 육달 월(月)과 무거울 중(重)으로 이루어져 있다.

一鍼二灸三藥(일침이구삼약)_동양의학의 핵심인 침구약의 원리는 우리 몸을 하나의 작은 우주로 인식하여 기의 소통을 우선으로 하면서 피의 순환을 도모하였다.

重(중)은 금문에 뭔가 물건을 가득 동여맨 무거운 자루(東)를 등에 진 사람(亻)의 모양을 본뜬 글자로 나타나 있어, '무겁다'는 뜻이 어떻게 부여되었는지 알 수 있다. 그러나 현재 자형을 자전에서 찾으려면 뜻과는 전혀 상관없는 里(리) 부수에서 찾아야 한다. 따라서 腫(종)은 우리 몸의 근육이나 살집(肉=月)이 종기나 부스럼으로 인해 고름이 차 부풀어 올라 무거워진다(重)는 데서 '종기'나 '부스럼'을 뜻하게 되었다.

헐 瘍(양)은 병들어 기댈 역(疒)과 볕 양(昜)으로 이루어졌다. 빨갛게 헌 상처(昜)로 인해 병상에 누워(疒) 있다는 뜻을 표현했다.

종양이 다행히 양성(良性)이라면 어렵지 않게 치료할 수 있지만 만약 악성(惡性)으로 癌(암)이라면 큰일이 아닐 수 없다. 암 癌(암)은 병들어 기댈 역(疒)과 바위 암(嵒)으로 이루어졌다.

嵒(암)은 물건 품(品)과 높은 산의 모양을 상형한 뫼 산(山)으로 구성되었다. 品(품)에 대해 『설문』에서는 "品은 무리와 여러 사람을 뜻하며 세 개의 口(구)로 구성되었다."라고 하였다. 갑골문 역시 입 구(口)의 고문으로 새겨져 있는데, 여기서 '입 口(구)'는 사람을 의미한다. 한자에서 보통 동일한 자형을 셋으로 겹쳐 표기하면 많다는 것을 뜻한다.

여러 사람의 입(口)으로 특정 사물에 대해 평을 한다는 것으로 평가의 대상에는 곧 등급이 매겨지기 마련이다. 따라서 品(품) 자는 물건의 '종류'나 '등급', '품평하다' 등을 나타내는 뜻으로 확장되었다. 그러나 嵒(암)의 자형은 바위들(品)로 이루어진 산(山)이라는 데서 '큰 바위'를 뜻하게 되었다.

따라서 癌(암) 자는 몸속 특정 부위에 바위(嵒)와 같이 단단하게 굳어진 종양으로 인해 병석(疒)에 드러눕는다는 데서 지금 우리가 아는 무서운 병을 지칭하게 되었다. 허신의 『설문』에 수록되지 않은 것으로 보아 해부학이 발달한 후대에 만들어진 글자로 보인다.

5장

거스를 수 없는 숙명,
육신의 이별

이승에서의
마지막 유언

사람은 누구나 죽음을 맞는다. 죽음은 피할 수 없는 숙명이지만 대부분의 사람들은 결코 자신에게는 죽음이 오지 않을 것처럼 생각하며 살아간다. 죽음에 대한 준비가 없다. 그러다 막상 죽음이 성큼 다가오면 두려움 때문에 허둥대기 마련이다.

그러나 옛사람들은 요즘과는 달리 죽음은 왔던 곳으로 다시 돌아가는 과정이라고 생각했고 영혼불멸설을 믿었기에 죽음에 대해 어느 정도는 초연했다. 그래서 홀가분한 마음으로 죽음을 맞았던 것 같다. 이러한 의미가 담긴 글자가 바로 '臨終(임종)'이다.

최종적인 만남인 임종

임할 臨(임)은 누울 와(臥)와 앞에서 살펴본 물건 품(品)으로 짜여 있다. 臥(와)에 대해 『설문』에서는 "臥는 엎드린다는 뜻이다. 人(인)과 臣(신)으로 구성되었으며 엎드린 모양을 취했다."라고 하였다. 여기서 臣

臨

임할 **임**

(신)은 눈을 아래로 하고
서 몸을 구부리고 있는
모양인데 사람임을 나
타내기 위해 인(人)을 첨
가해 다른 동물이 아닌
사람이 엎드리거나 누워서 휴식을 취하는 모양을 그렸다.

따라서 臨(임)은 어떠한 물건(品)을 보기 위해 몸을 굽혀(臥) 가까이
대한다는 것으로 '임하다', '내려다보다'의 뜻을 가지게 됐다.

終

끝날 **종**

끝날 終(종)은 가는
실 사(糸, 멱)와 겨울 동
(冬)으로 짜여 있다. 糸
(사)는 누에고치에서 막
뽑아 잣아놓은 실타래
를 본뜬 상형글자다. 冬(동)은 뒤져서 올 치(夊)와 얼음 빙(冫)으로 구성
되었다. 고문의 상형글자에는 두 개의 언 나뭇잎이 매달린 모양이기
에 겨울이라는 의미가 명확히 전달되지는 않는다. 그래서 후대에 얼
음을 뜻하는 빙(冫) 자 위에 뒤져서 올 치(夊)를 얹어 '겨울'이라는 의미
를 부여했다. 얼음(冫)이 언 빙판길에서는 어기적거리며 천천히 뒤져
걸을(夊) 수밖에 없음을 나타냈다.

따라서 終(종)은 사계절의 마지막인 겨울(冬)을 의미요소로 삼아 실
(糸)의 '끝'을 뜻해 '마치다', '마지막', '죽다'라는 뜻으로 확장되었다.

유언에 담긴 뜻은

위에서 살펴본 대로 임종(臨終)이란 삶의 끝자락에서 '죽음'을 맞는 사람과 아직 남아 있는 사람들과의 이별 의식이라 할 수 있다. 갈 사람은 남은 자들에게 당부의 말을 남기게 되는데 이것이 遺言(유언)이다.

남길 遺(유)는 쉬엄쉬엄 걸어갈 착(辶)과 귀할 귀(貴)로 짜여 있다. 辶(착)의 본래 자형은 辵(착)으로 가다(彳) 서다(止)를 반복하며 쉬엄쉬엄 가다는 뜻을 지닌다. 辵(착)의 자형이 그대로 쓰이는 경우는 드물고 다른 글자와 합하여 새로운 글자가 될 때는 辶(착)으로 간략화되어 쓰인다.

貴(귀)의 자형 상부는 갑골문에서는 두 손으로 뭔가를 움켜쥐고 있는 모양의 국(臼: 자형 하변이 떨어져 있음) 자 형태였는데, 금문과 소전으로 오면서 가운데에 'ㅅ' 모양이 끼어들면서 '삼태기 궤' 자였다가 오늘날에는 '虫(충)'과 같은 자형으로 변했다. 본뜻은 삼태기와 같은 고리짝(虫)에 진귀한 보물이나 돈(貝)을 담아 소중히 간직한다는 데서 '귀하다'의 뜻을 지니게 되었다.

그러나 후대로 오면서 자형 상부의 모양을 벌레 충(虫)으로 보았다. 조개(貝)에 아름다운 진주가 형성되려면 먼저 모래나 작은 이물질이 그 속에 착상되어야 하는데, 옛사람들은 이를 벌레(虫)가 먹은 것으로 파악했다. 따라서 벌레 먹은 조개는 나중에 영롱한 진주를 머금게 돼귀한 존재로 대접받았다는 데서 '귀하다'로 해석하기도 한다.

따라서 遺(유)는 귀중한 보물(貴)을 남기고 간다(辶)는 데서 '남기다', '물려주다'의 뜻을 지니게 되었으며, 한편으로 길을 가다(辶)가 귀중한 물건(貴)을 자신도 모르게 떨어뜨렸다는 해석도 가능해 '잃어버리다'의 뜻도 갖게 됐다.

말씀 言(언)에는 입 (口)에 나팔 모양의 악기 (辛)를 대고서 소리를 낸 다는 뜻이 담겨 있는데, 言(언)이 들어가는 글자 는 입을 통해 소리로 묘사하는 다양한 행동적 양식을 나타낸다. 言(언) 에 대해 『설문』에서는 "직접 말하는 것을 言(언)이라 하고 여러 사람이 토론하는 것을 語(어)라고 한다. 口(구)로 구성되었으며 자형 상부의 건(辛)이 소리요소다."라고 하였다.

글로 남긴 유언이란

망자의 유언이 지켜 질 수 있도록 남은 사람 들은 이를 '證書(증서)' 로 남겨두기도 한다. 증 거 證(증)은 말씀 언(言) 과 오를 등(登)으로 이루어져 있다. 登(등)은 등질 발(癶)과 제기그릇 두

(豆)로 구성되었다. 癶(발)은 활을 쏘거나 총을 쏠 때 양발을 엇비슷하게 등져놓은 자세나 산을 오를 때처럼 양발을 벌리고 있는 모양을 상형한 것이다.

豆(두)는 뚜껑(-)을 덮어 따뜻한 국물을 담을 수 있는 발(ㅛ)이 달린 비교적 작은 그릇(口)을 본뜬 것으로 일반적으로 제기(祭器)를 의미한다. 콩이나 팥을 뜻하는 '좀콩 荅(답)'과 발음이 비슷하여 가차하여 豆(두) 자에 썼으며, 보다 그 뜻을 명확히 하기 위해 식물을 뜻하는 풀 초(艹)를 더해 '콩 荳(두)'를 별도로 제작했다.

따라서 登(등)은 제사를 지내기 위해 제사용 그릇(豆)을 들고서 높은 제단에 오른다(癶)는 데서 '오르다'의 뜻을 지니게 되었다. 그러므로 證(증) 자는 단상과 같은 높은 곳에 올라(登) 여러 사람 앞에서 어떠한 정황에 대해 말한다(言)는 데서 '증언', '증거'의 뜻을 갖게 되었다.

글 書(서)는 붓 율(聿)과 가로 왈(曰)로 짜여 있다. 聿(율)은 붓 대(丨)를 손으로 잡고(彐) 있는 모양과 함께 동물의 가는 털을 모아 만든 붓(二)의 형태를 그대로 본떠 만든 상형글자다.

曰(왈)은 입의 모양을 본뜬 구(口)와 입에서 나오는 말을 추상적으로 표현한 一(일)의 형태다. '가로되', '말하다', '이르다' 등의 뜻을 나타낸 지사글자다. 이 曰(왈) 자가 초기 글자인 금문에는 입 구(口)의 옛글자로 그려져 있는데, 이를 먹이 담긴 그릇으로 보는 경우도 있으나 소전에 이르러서는 보다 분명하게 曰(왈) 자로 바뀌었다. 성인(聖人)과 같

글 서

은 훌륭한 사람이 말씀(曰)하신 것을 붓(聿)으로 기록한다는 데서 '글',
'편지', '책' 등의 뜻을 지니게 되었다.

죽음이란 사람의 몸에서 영혼이 떠나는 것

고대인들은 잉태와 함께 깃들었던 영혼이 육체를 떠나는 것을 죽음으로 인식했다. 사람의 탄생은 곧 육체에 영혼이 들어오는 것이고, 여러 가지 이유로 영혼이 더 이상 육체에 머물지 않고 떠나는 것을 죽음으로 보았다.

그렇다면 나란 존재는 어디서 와서 어디로 가는 걸까? 옛사람들 역시 이러한 의문을 풀기 위해 다분히 노력한 흔적이 바로 혼백(魂魄)이란 글자 속에 담겨 있다. 정신의 주체가 되었던 영혼은 영원히 없어지지 않는다는 영혼불멸(靈魂不滅)을 믿어왔기 때문에 요즘에도 조상신을 기리는 제사 문화가 이어져오고 있는 것이다.

무엇을 혼백이라 하는가

넋 魂(혼)은 이를 운(云)과 귀신 귀(鬼)로 이루어져 있다. 云(운)은 휘몰아가는 뭉게구름을 상형한 '구름'의 본래 글자였으나, '이르다', '말

魂
넋 **혼**

하다' 등의 뜻으로 쓰이
자 뜻을 보다 명확히 하
기 위해 빗방울(雨)을 머
금은 구름(云)이란 뜻을
담아 '구름 雲(운)' 자를

따로 만들었다.

　이와 비슷한 의미를 지닌 글자가 '기운 气(기)' 자다. 云(운)이 뭉게뭉
게 피어나는 '뭉게구름'을 상형한 것이라면 气(기)는 높은 하늘가에 길
게 펼쳐진 '새털구름'을 상형한 것이다.

　鬼(귀)는 귀신의 모습을 상상하여 만든 탈을 쓰고 쭈그려 앉아 있는
무당을 상형한 글자다. 자형 상부의 'ㄮ+田' 모양은 곧 기괴하게 만든
탈이고, 그걸 쓰고 있는 사람(儿)의 모양이 갑골문과 금문의 자형이다.
소전에 이르러 'ㄥ(사)' 모양이 첨가되었는데 발꿈치라는 설과 함께 삿
되게 사람을 해치는 귀신을 뜻하기 위한 표시로 보기도 한다.

　따라서 魂(혼)은 구름(云)처럼 자유스럽게 떠다니는 죽은 사람의 형
상(鬼)이라는 데서 '넋', '혼'을 뜻하게 되었으며 이 넋은 다시 하늘로
돌아간다고 보았다.

魄
넋 **백**

　넋 魄(백)은 흰 백(白)
과 귀신 귀(鬼)로 짜여
있다. 白은 '엄지손가락'
의 흰 부위를 본떴다는
설과 '사람의 머리'를 상

형했다는 설이 있다고 하였다. 앞서 살펴본 鬼(귀)는 사람이 죽어서 된

祈雨祭(기우제)_신령 靈(영)은 비올 영(霝)과 무당 무(巫)로 짜여 있다. 霝(영)은 하늘에서 비가 내리는 모양을 본뜬 비 우(雨)와 세 개의 입구로 구성되었다. 巫 자의 자형 상부는 하늘(一)을 하부는 땅(一)을 상징하는데, 하늘과 땅의 계시를 관통(丨)하는 사람들(从)이란 뜻이 담겨 있다.

조상신을 나타낸 데 반해 神(신)은 대자연의 신을 표현한 것이다. 따라서 魄(백)은 죽은 사람의 형상(鬼) 중에서도 흰(白) 뼈에 서린 '넋'을 뜻했으며, 이것이 땅으로 돌아간다고 보았다. 그래서 육탈이 이루어진 백골(白骨)을 중시하여 무덤을 만들고 그곳에 안치하는 묘지문화가 정착되었던 것이다.

魂魄(혼백)이란 구름처럼 자유스럽게 떠다니는 영혼(靈魂)은 하늘로 돌아가고 뼈에 깃든 영백(靈魄)은 땅으로 돌아간다는 옛사람들의 사후 세계에 대한 관념이 녹아든 글자다. 그래서 혼비백산(魂飛魄散)이라 했던 것이다. 제사를 지낼 때 향을 사르는 것은 혼(魂)을 부르기 위한 것이며 술을 올리는 것은 백(魄)에게 바치는 것이다.

주문으로 비를 내리는 신통력

靈
신령 **영**

영혼(靈魂)과 영백(靈魄)의 앞글자인 靈(영)자에 대해 살펴보기로 하자.

신령 靈(영)은 비올 영(霝)과 무당 무(巫)로 짜여 있다. 霝(영)은 하늘에서 비가 내리는 모양을 본뜬 비 우(雨)와 세 개의 입구(㗊)로 구성되었다. 巫 자의 자형 상부는 하늘(一)을 하부는 땅(一)을 상징하는데, 하늘과 땅의 계시를 관통(丨)하는 사람들(从)이란 뜻이 담겨 있다.

따라서 靈은 옛날 무당(巫)이 기우제(祈雨祭)를 지내면서 온갖 주문(㗊)을 통해 비(雨)를 내리게 할 수 있는 일을 아주 신통하게 보았다는 데서 '신령하다'는 뜻을 지니게 되었다.

死
죽을 **사**

영혼이 떠나버린 죽음을 옛사람들은 어떻게 표현했을까? 그 대표적인 글자가 죽을 死(사)이다. 죽을 死(사)는 부서진 뼈 알(歹=歺)과 사람이 꿇어앉은 모습을 나타낸 匕(비) 자로 구성되었다.

歺(알)에 대해 『설문』에서는 "歺은 뼈가 부서진 잔해를 말한다. 뼈 발라낼 冎(과) 자를 반 쪼갠 모양으로 구성되었다."라고 하였다. 여기서 말한 冎(과) 자는 살을 도려내고 뼈만 남겨둔 것인데, 이를 또 반으로 쪼개니 뼈의 잔해라는 뜻이다. 따라서 歺(알: 歹)이 다른 부수와 자형을 이룰 때는 '죽음'과 관련한 뜻을 지니게 된다. 즉 앙상하게 뼈만 남은 백골(歹) 앞에서 사람이 꿇어앉아(匕) 죽음을 애도하는 모습을 그리고 있다.

고대인의 장례 풍속

葬
장사지낼 **장**

사(死) 자의 유래는 고대의 장례 풍습에서 찾아볼 수 있다. 장사지낼 葬(장) 자를 보면 알 수 있다. 장사지낼 葬

(장)은 잡풀 우거질 망(茻)과 죽을 사(死)로 구성되었는데, 시신을 매장하지 않고 풀(茻)로 시신(死)을 덮어두고 육탈(肉脫)되기를 기다려 영백(靈魄)이 깃든 뼈만을 수습하여 다시 땅속에 매장(埋葬)하는 고대의 풍속을 담은 것이다.

屍

주검 **시**

죽은 사람의 온전한 모습은 주검 屍(시) 자에 그려져 있다. 주검 屍(시)는 주검 시(尸)와 죽을 사(死)로 구성되었는데, 갑골문에 표현된 尸(시)의 자형은 사람의 옆모양이며 다리 부분이 구부러져 있어 무릎을 굽히고 웅크리고 있는 모양이다. 죽은 사람(死)이 다리를 구부린 채 웅크리고 있는 모습(尸)이며 막 숨을 거둔 사람이란 뜻이 담겨 있다.

부활하기를 소망하는
남은 자들의 의식

영혼이 머물던 몸을 떠나는 것을 죽음으로 여긴 옛사람들은 사람이 숨을 거두면 수시(收屍)라 하여 시신이 굳기 전에 손발을 가지런하게 한다. 그런 다음 망자의 영혼을 부르는 초혼(招魂)의식을 한다. 망자가 평소에 즐겨 입던 옷을 들고 지붕으로 올라가 북쪽을 향해 옷을 흔들며 "누구누구여! 돌아오라"고 세 번을 외친다.

남은 자의 아쉬움을 표현한 초혼이란

招
부를 초

이러한 의식을 반영한 부를 招(초)는 손 수(扌)와 부를 소(召)로 이루어져 있다. 召(소)는 입 구(口)와 소리요소인 칼 도(刀)로 짜여 있다고 하지만 여기서 刀(도)는 손을 의미한다. 따라서 입(口)으로 소리쳐 부르고 손바닥(刀)을 연신 안으로 굽히며 오라는 신호다. 본디 소(召)가 부른다는 의미였으나 이를 보다 강조하기 위해 손 수(扌)를 더하여 그 뜻을 더욱 강조했다. 이러한 초혼의식이 끝나고도 그 영혼이 돌아오지 않으면 완전한 죽음으로 인식하고 장례를 치렀다.

울 곡

임종을 지켜본 가족들은 가슴을 치고 발을 구르며 곡(哭)을 하게 된다. 울 哭(곡)은 부르짖을 훤(吅)과 개 견(犬)으로 구성되었는데, 이 哭(곡) 자에 대해 『설문』에서는 "哭은 구슬피 우는 소리를 뜻하며 훤(吅)으로 구성되었고 옥(獄)의 생략형이 소리요소다."라고 하였다. 두 개의 입(口)으로 구성된 훤(吅)은 놀라 부르짖는 모양을 표현했다. 소리요소로 쓰인 감옥 옥(獄)은 송사에 휩싸인 두 사람을 저급한 개(犬)에 빗대어 서로 잘못이 없다고 울부짖는(言) 모양과 놀라 부르짖는 모습(吅)을 합해 만든 형성문자다.

따라서 서서(立) 소리 없이 눈물(氵)만 흘리는 '울 泣(읍)'과는 달리 대성통곡한다는 의미가 哭(곡)에 담겨 있다.

죽을 상

이러한 죽음을 나타낸 글자가 죽을 喪(상) 자인데, 자형의 변화가 심하다. 초기 글자인 갑골문과 금문에 새겨진 자형은 뽕나무의 가지에 뽕잎을 따기 위한 여러 개의 바구니가 걸려 있는 모양으로, 본뜻은 '뽕잎을 따다'였다. 그러다 뽕잎을 모두 잃은 뽕나무 입장에서 바라본 '잃다', '죽다'의 뜻을 가지게 됐다.

소전에 이르러서는 '울 哭(곡)'의 변형과 죽음을 뜻한 '망할 亾(망)'으로 구성되었다며 그 뜻을 보다 명확히 하였다. 그러다 후대로 오면서 현재 자형의 꼴을 갖추게 되는데, 울부짖는(皿) 상주가 두건(亠)과 윗옷(衣)을 걸쳐 입은 모양에서 '상복을 입다'라는 뜻을 지니게 되었다.

상갓집을 알리는 글자들에 담긴 뜻

謹
삼갈 **근**

이렇게 상을 당한 집의 대문에는 상갓집임을 알리기 위해 '謹弔(근조)'라는 글귀를 쓴 등을 내건다. 삼갈 謹(근)은 사람의 언행을 나타내는 말씀 언(言)과 진흙 근(堇)으로 이루어졌다.

堇(근)에 대해 『설문』에서는 "堇은 차진 진흙이다. 黃(황)의 생략형과 土(토)로 구성되었다."라고 하였다. 갑골문은 입(口)이 강조된 사람의 발아래에 불 화(火)의 고어(古語)가 놓인 모양으로 그려져 있다. 금문의 후기로 오면서 흙 토(土)로 변화된 자형을 보여주고 있는데, '진흙'이란 뜻 외에도 진흙의 입자가 아주 작다는 데서 '조금', '작다'라는 뜻도 있다. 이에 따라 謹(근)은 상갓집에 가서는 가능한 말(言)을 아껴 적게(堇) 한다는 데서 '삼가다', '공손하다'는 뜻을 지니게 되었다.

조상할 조

조상할 弔(조)는 활 궁(弓)과 뚫을 곤(丨)으로 구성되었다. 이 弔(조) 자는 앞서 살펴보았던 '장사지낼 葬(장)' 자와 관련이 깊다. 고대의 장례 풍속을 담은 葬(장)은 시신을 매장하지 않고 들판이나 산 속에 풀(艸)로 시신(死)을 덮어두고 육탈(肉脫)되기를 기다려 영백(靈魄)이 깃든 뼈만을 수습하여 다시 땅속에 매장(服裝)하는 관습을 담은 것이며 『오월춘추(吳越春秋)』에 그 기록이 있다.

"옛사람들은 삶이 곤궁하여 새나 산짐승을 잡아 주린 배를 채우고 안개나 이슬로 목을 축였으며 사람이 죽으면 억새풀로 싸서 들판에 놓아두었다. 그런데 어느 효성이 지극한 아들이 새와 들짐승들이 부모의 시신을 파먹는 것을 차마 볼 수 없어 이를 수호하기 위해 활시위를 당겨 조수의 피해를 없앴다(古者人民樸質 飢食鳥獸 渴飮霧露 死則裹以白茅 投於中野 孝子不忍見父母爲禽獸所食 故作彈以守之 絶鳥獸之害)."

옛날에 조상(弔喪)할 때에는 시신을 노리는 늑대 등과 같은 짐승을 막기 위해 활(弓)을 지니고서 시신을 운구했을 뿐 아니라 풀로 덮은 임시적인 무덤을 지켰다는 것을 알 수 있다. 이러한 풍습이 오늘날까지 이어져 상주(喪主)가 대나무로 만든 지팡이(丨)를 그 옛날 활(弓)을 대신해 지니고서 상여 행렬을 따르는 것이다.

弔(조)와 비슷한 뜻을 지닌 글자로 조상할 吊(조)를 쓰기도 하는데 그 의미는 사뭇 다르다. 吊(조)는 사람의 입 모양을 상형한 입 구(口)와 수건 건(巾)으로 짜여 있다. 요즘처럼 냉방시설이 잘 갖춰져 있지 않았

吊
조상할 **조**

던 고대에는 시신이 빨리 부패하여 그 냄새 또한 코를 찔렀을 것이다. 문상하는 사람들은 입(口)에 수건과 같은 것으로 마스크(巾)를 쓰고서 죽음을 애도했다는 풍습을 반영한 글자가 바로 吊(조)이다.

忌
꺼릴 **기**

상갓집임을 알리는 데는 '謹弔(근조)'나 '喪中(상중)' 외에도 '忌中(기중)'이라는 용어도 쓰인다. 꺼릴 忌(기) 자는 자기 기(己)와 마음 심(心)으로 이루어졌다. 己(기)는 여섯 째 천간(天干)을 뜻하기도 하지만, 여기서는 사람이 무릎을 꿇고 몸을 숙여 절을 하는 모양이다. 그래서 본래 문상을 가 몸을 숙이고(己) 애도하는 마음(心)을 표한다는 데서 '공경하다', '조상이 죽은 날'을 뜻했지만, 후대로 오면서 이미 죽은 사람을 다시 생각하기도 싫다는 데서 '꺼리다'의 뜻도 지니게 되었으며, 자신들을 돌보지 않고 먼저 죽었다는 데서 '미워하다', '증오하다', '원망하다'의 뜻을 지니는 등 그 의미가 참으로 다양하다.

피를 흘려야
천국에 간다는 믿음

고대인들은 죽을 때 피를 흘려야만 영혼이 몸에서 벗어나 왔던 곳으로 간다고 믿었다. 특히 자연사한 경우에는 몸이 굳기 전에 피가 흘러나오게 했는데, 그러한 흔적이 무늬 文(문) 자에 남아 있다.

칠성판을 지고 어디로 가나

무늬 **문**

文(문)은 가슴에 문신을 새긴 사람의 모양을 그대로 본뜬 상형글자다. 갑골문이나 금문에도 보이는데, 가슴에 다양한 형태의 문신이 새겨진 사람의 모양을 본뜬 것이다.

고대 장례 풍속에서는 자연사한 경우에 인위적으로 피를 흘리게 하는 조치를 취했는데, 바로 이러한 풍속을 담은 글자가 文(문) 자다. 죽은 사람의 시신에서도 영혼과 마음이 머물고 있다고 믿었던 심장이 위치한 가슴 부위에 다양한 형태의 문양을 새기면서 피를 흘리게 했던 것이다. 동이족 계열의 고대인들은 피가 흐름과 동시에 영혼이 이승에서 집으로 여겼던 몸을 떠나 하늘나라, 북두칠성으로 돌아간다고 믿었다. 죽음과 동시에 문신을 새김으로써 경건함을 나타냈을 뿐만 아니라 신에게 알린다는 소통의 의미를 지녔을 것으로 생각된다.

고대인들의 삼신(三辰)에 대한 숭배정신을 살펴보면 당시의 생사관도 엿볼 수 있다. 삼신은 태양과 달, 그리고 별을 지칭하기도 하지만 북두칠성 중 세 개의 별을 이르기도 한다. 고대 동북아 사람들은 새로운 생명이 잉태될 때 북두칠성(北斗七星)의 신령한 기운을 받아 태어난다고 믿었다. 그래서 죽어 저승으로 갈 때도 왔던 곳으로 되돌아가기 위해 관 밑에 북두칠성의 위치를 표기한 칠성판(七星板)을 깔았던 것이다.

또한 몸에 다양한 형태의 문신을 새겨 넣는 풍속이 오늘까지도 일부 소수민족에게 전해져오는 것을 보아도 의복이 발달하지 않은 고대에 동물의 보호색처럼 문신을 했음을 유추할 수 있다.

이와 같이 文(문)은 본래 어떠한 '무늬'를 뜻했으나, 초기의 글자가 곧 사물의 문양이나 모양을 본뜬 상형글자이기 때문에 '글자'라는 뜻으로 확장되었다. 따라서 文(문)은 글자의 제작 원리인 육서(六書) 중 사물의 모양을 그대로 본떠 만든 상형(象形)과 어떠한 추상적인 개념을 가리켜 만든 지사(指事)의 원리가 모두 해당되는 글자다.

고대인의 유골 후두부는 왜 깨져 있을까?

微

작을 **미**

文(문) 자 외에도 고대인들의 죽음에 관한 원시적인 풍속이 담긴 글자는 더 있다. 고령의 노인이 죽음을 앞두고 정상적인 생활을 할 수 없다고 판단되었을 때, 비밀리에 행해졌던 '안락사(安樂死)'의 일종인 타살(打殺)이 관행이었던 것 같다.

작을 微(미)가 이러한 풍속을 반영한 글자다. 微(미)는 네거리를 상형한 다닐 행(行)의 생략형인 척(彳)과 자잘할 미(散)로 이루어져 있다. 앞서 살펴보기는 했지만 다시 한 번 설명을 곁들여보았다.

자형 우측의 자잘할 미(山+一+几+攵)의 갑골문을 살펴보면, 긴 머리를 산발한 채 앉아 있는 노인을 상형한 長(장) 자에 몽둥이를 든 손 모양을 상형한 칠 복(攵)이 그려져 있다. 갑골에 새겨진 그림대로라면 연약한 노인을 누군가 몰래 다가가 머리 뒷부분을 몽둥이로 내려치는 모습으로 볼 수 있다. 이는 고대 중원의 일부 지역에서 행해진 풍속을 글자화한 것이라는 주장이다.

중국 광서성 계림의 증피암(甑皮岩) 유적지에서 발굴된 유골들은 모두 후두부에 뭔가 강력한 타격을 받은 흔적이 남아 있다. 사람이 죽기 직전 피를 흘려야만 몸속의 영혼이 빠져나가 다시 환생할 수 있다고 믿었던 고대인들의 관행이 오직 글자에만 남아 있었는데, 유골이 집단적으로 발견됨으로써 그 사실이 입증된 것이다.

이러한 끔찍한 풍속은 문명의 발달과 함께 사라졌는데, 글자 역시

도 진시황제가 문자의 통일을 단행했던 소전 이후에는 镸(장) 자 대신 현재와 같은 자형으로 변형되었다. '암암리에 상처를 내다', '몰래 죽이다'가 본뜻이었으나 자형 변화와 함께 네거리를 뜻한 彳(척)도 함께 추가되었다. 즉 큰 산 모양을 본뜬 산(山) 아래 놓인 작은 탁자(几) 위에 있는 어떠한 물건(一)을 두드려 부수어(攴=攵)보았자 산에 비해 작다는 데서 '작다', '어렴풋하다'는 뜻을 지니게 되었다. 또한 彳(척)이 더해지며 微行(미행)에서처럼 '몸을 숨기고 다니다'의 뜻도 발생했다.

상여 타고
북망산천(北邙山川)으로 가다

일반적으로 사람이 숨을 거두면 죽은 사람의 몸을 씻긴 뒤에 옷을 입히고 삼베와 같은 염포로 묶는 것을 염습(殮襲)이라 하는데, 글자를 자세히 풀어보면 우리가 알고 있는 것과는 다른 사실들을 알 수 있다.

육탈이 된 뼈를 수습하여 다시 매장한 고대인들의 장례 풍속이 殮(염) 자에 담겨 있고, 3일장 혹은 5일장을 위주로 한 요즘과 같은 장례식 풍속은 襲(습) 자에서 찾아볼 수 있다.

염과 습에 담긴 고대인들의 장례 풍속

고대인들의 장례 풍속을 살펴보면, 앞서 살펴본 葬(장) 자에서 보았듯 요즘과는 달리 육탈(肉脫)이 완전하게 이루어져야 그 뼈들을 수습하여 완전하게 매장(埋葬)했다.

이러한 풍속이 담긴 염할 殮(염)은 죽음을 의미하는 부서진 뼈 알(歹)과 다 첨(僉)으로 이루어졌다. 僉(첨)은 모일 집(亼)과 사람의 입을

殮
염할 **염**

뜻하는 두 개 입 구(口)로 된 부르짖을 훤(吅)과 두 개의 사람 인(人)으로 짜여 있는데, 여러 사람이 한데 모여 이구동성(異口同聲)으로 말한다 하여 '모두' 혹은 '다'의 뜻을 지니게 되었다. 따라서 殮(염)에 담긴 의미는 풀 속에서 완전하게 육탈이 된 백골들(歹)만을 모두 모아(僉) 다시 사람의 형상으로 배열한다는 것이다.

襲
엄습할 **습**

이에 반해 이러한 절차를 거치지 않고 곧바로 시신을 땅속에 매장하기에 앞서 여러 겹의 옷을 입히는 것을 襲(습)이라 하였다. 엄습할 襲(습)은 용 용(龍)과 옷 의(衣)로 이루어져 있다.

龍(용)에 대해 『설문』에서는 "龍은 비늘을 가진 동물 중의 우두머리다. 몸체를 숨길 수도 있고 드러낼 수도 있으며, 아주 작게 할 수도 크게 할 수도 있고, 짧게 할 수도 길게 할 수도 있다. 춘분이 되면 하늘로 오르며 추분이 되면 내려와 깊은 연못 속으로 잠긴다. 肉(육)으로 구성되었으며, 자형의 우변은 날아가는 모양(飛)이다. 童(동)의 생략형이 소리요소다."라고 하였다.

갑골문에도 보이며 현재의 자형은 소전에서 이루어진 것으로 '임금'이나 '뛰어난 인물'에 비유되곤 한다. 龍(용)은 상상의 동물 가운데 하나로 기린·봉황·거북과 함께 사령(四靈)의 하나로서 천자에 비유되며, 인도에서는 불법을 수호하는 사천왕의 하나로 생각하고 있다. 용의 모습은 9가지 종류의 동물을 합성한 것으로 얼굴은 낙타, 뿔은 사슴, 눈은 귀신, 몸통은 뱀, 머리털은 사자, 비늘은 물고기, 발은 매, 귀는 소와 닮은 모양이다.

衣(의)는 저고리와 같은 상의를 본뜬 상형글자이며, 하의는 치마 裳(상)으로 구분했다. 따라서 襲(습)은 사람이 죽으면 구불구불한 용(龍)처럼 여러 벌의 옷(衣)을 껴입힌다는 데서 '염습(殮襲)'의 뜻을 갖게 되었다. 더불어 임금의 옷(衣)에 용(龍)무늬의 수를 놓는 일은 오랫동안 전해온 관례였기에 '인하다', '물려받다'의 뜻을 지니게 되었으며, 또한 그 용포(龍袍)를 입은 사람에 대한 두려운 마음 때문에 '엄습하다'는 뜻도 지니게 되었다.

꽃상여를 타고 가는 마지막 여정

널 관

이렇게 염습을 한 시신은 살아생전 직책이나 직위에 상관없이 작은 집을 상징하는 棺(관)에 들게 된다.

널 棺(관)은 나무의 가지와 뿌리를 상형한 나무 목(木)과 벼슬 관(官)으로 이루어졌다. 官(관)은 집 면(宀)과 쌓일 퇴(𠂤)로 구성되었다. 宀(면)은 지붕과 양 벽면을 본뜬 것으로 사람이 사는 집을 뜻한다. 보통 맞배지붕처럼 대칭구조로 이루어진 지붕 형태를 취한 집을 의미한다. 𠂤(퇴)는 흙을 쌓아 만든 작은 언덕을 의미한다. 따라서 官(관)은 언덕

喪輿(상여)_꽃상여를 타고 가는 마지막 여정. 염습된
뼈나 시신은 입관 절차를 거친 뒤 죽은 자들이 가는
북망산으로 상징되는 장지로 운구된다.

이나 토대를 쌓아(自) 지은 집(宀), 즉 '관청'을 뜻했다.

따라서 棺(관)은 나무를 켜 만든 판자(木)를 이용해 시신을 넣을 수 있는 사각 형태로 제작한 작은 집(官)이라는 데서 '널'을 뜻하게 되었다. 이와 같이 염습된 뼈나 시신은 입관 절차를 거친 뒤 죽은 자들이 가는 북망산(北邙山)으로 상징되는 장지로 운구된다.

수레 輿(여)는 마주 들 여(舁)와 수레 거(車)로 이루어졌다. 舁(여)는 네 손을 사용하여 무언가를 함께 들어 올리는 모양을 본뜬 상형글자다. 자형 상부의 두 손으로 무언가를 들어 올리는 모양은 본래는 절구를 뜻하는 臼(구)가 아니라 밑변이 떨어져 있는 '국'이었는데, 많은 자형에서 혼용되고 있을 뿐만 아니라 자전에서 찾을 때도 臼(구) 부수에서 찾아야 할 만큼 원래의 뜻이 무시되고 있다. 자형의 하부는 두 손으로 뭔가를 받들어 올린다는 '두 손으로 받들 공(廾)'이다. 舁(여) 자는 두 사람이 양손(臼 + 廾)을 사용하여 어떤 물건을 마주 들고 있는 모양을 그린 것이다.

車(거)는 우마차의 모양을 본뜬 상형글자다. 갑골문을 보면 현재의 자형보다 훨씬 자세하게 그려져 있다. 현재 자형에서는 하나의 바퀴(日)만을 그려놓았는데, 중앙의 'ㅣ'은 굴대를 나타냈고 아래위의 '二'는 바퀴가 빠지지 않도록 고정시킨 굴대의 빗장이다.

그러나 輿(여) 자의 갑골문을 보면, 바퀴가 달린 수레가 아니라 두 사람이 손을 이용해 들거나 어깨에 메고 이동하는 '가마'의 상형이었는데, 소전으로 오면서 바퀴가 달린 車(거) 자로 바뀌어 쓰이게 되었다. 輿(여)는 두 사람이 양손(舁)을 이용하여 들고 이동하는 가마(車)를 의미했는데, 진시황제가 글자를 통일한 소전 이후에는 여러 사람의 손(舁)이 동원되어야 움직일 수 있는 바퀴 달린 수레(車)라는 데서 '수레'가 되었으며 '여럿', '많다'의 뜻으로도 파생되었다.

묘분총릉(墓墳塚陵)에 담긴 옛사람들의 무덤문화

고대인들의 생활모습을 엿볼 수 있으면서 당시의 문화적 풍속이 가장 잘 보존되어 있는 것으로 무덤을 들 수 있다. 일반 서민의 초라한 무덤에서부터 한 나라를 운용한 왕의 능에 이르기까지 무덤의 종류는 다양하나 대체로 묘분총릉(墓墳塚陵)으로 구분할 수 있다.

특별한 흙을 쌓아 만든 묘

무덤 묘

무덤 墓(묘)는 없을 막(莫)과 흙 토(土)로 이루어졌다.

莫(막, 저물 모, 고요할 맥)은 풀 초(艹)와 해 일(日) 그리고 큰 대(大)로 구성되었는데, 여기서 大(대)는 본래는 풀 초(艹)였으나 간략화한 것이다. 그 뜻은 해(日)가 수풀(艹) 속으로 들어가

버렸으니 '저물 모'로도 쓰이고 또한 모든 사물이 활동을 멈추고 잠 속으로 빠져드니 '고요할 맥'으로도 쓰인다. 그리고 어둠이 주위를 감싸니 아무것도 보이지 않아 '없다' 또는 '아니다'라는 부정의 뜻도 지니게 되었다. 土(토)는 갑골문에는 흙무더기를 쌓아놓은 모습이다.

따라서 墓(묘)는 산야에 쌓여 있는 보통 흙이 아니라(莫) 사람을 매장하며 쌓아올린 특별한 모양의 흙(土)이라는 데서 '무덤'이라는 뜻을 지니게 되었다.

부장품과 함께 매장한 분

墳
무덤 분

무덤 墳(분)은 흙무더기를 쌓아올린 모양을 상형한 흙 토(土)와 클 분(賁)으로 짜여 있다. 賁(분)은 풀 훼(卉)와 조개 패(貝)로 구성되었다. 卉(훼)는 풀 모양을 상형한 屮(풀 철)이 세 개인 것을 보다 간단히 줄여 '풀 훼(卉)'로 했으며, 屮(철)이 네 개인 것은 '잡풀 우거질 망(茻)'이다.

貝(패)는 조개의 모양을 본뜬 상형글자다. 고대에는 조개를 화폐로 활용했는데, 여느 바다나 강에서 쉽게 구할 수 있는 일반적인 조개가 아니라 남중국해나 인도양 등지에서만 나는 희귀한 것으로 아름답고 아주 단단한 것이다. 갑골문의 자형은 두 쪽으로 벌려진 조개의 모습이었으나 금문으로 오면서 두 개의 촉수를 내민 현재의 글자 모양을 갖추게 되었다.

따라서 墳(분)은 흙(土)을 크고 높게(賁) 쌓아올린 무덤으로 값진 부장품(貝)을 함께 넣은 큰 무덤을 말한다.

순장제의 흔적이 남아 있는 총

무덤 塚(총)은 쌓아올린 흙무더기를 상형한 흙 토(土)와 무덤 총(冢)으로 이루어졌다. 冢(총)은 뭔가로 덮어씌운 모양을 상형한 덮을 멱(冖)과 발 얽은 돼지걸음 축(豖)으로 구성되었다. 豖(축)은 돼지의 모양을 상형한 豕(시)에 점(丶)을 첨가한 모양인데, 豕(시)에 대해 『설문』에서는 "豕는 돼지를 뜻한다. 그 꼬리가 등으로 말려 올라가 있기 때문에 豕(시)라고 말한다. 털과 다리 그리고 뒤에 꼬리가 있는 모양을 본떴다."라고 하였다.

갑골문과 금문의 자형은 지금의 모양과는 달리 보다 사실적이다. 豕(시)가 다른 자형에 더해지면 돼지와 관련한 뜻을 지니게 된다. 특히 발 부분에 점(丶)을 첨가한 것은 돼지가 움직이지 못하도록 튼실한 줄로 묶은 것을 나타낸 것이다.

따라서 塚(총)은 살아 있는 돼지(豕)와 같은 동물을 함께 순장(殉葬)한, 흙(土)으로 덮어(冖) 만든 무덤으로 그 규모 역시 墳(분)보다는 크다는 것을 암시하고 있다.

큰 언덕 **룽**

큰 언덕 陵(룽)은 언덕 부(阝)와 언덕 룽(夌)으로 구성되었다.

阝(부)는 인공으로 만든 계단을 본뜻으로 한 阜(부)의 약자(略字)다. 갑골문을 보면 인공적으로 만든 계단 모양이다. 즉 고대 황하유역 사람들의 거주지였던 토굴을 오르내리기 쉽게 통나무를 깎아 계단을 만든 모양이다. 또한 높은 언덕을 오르내리기 쉽도록 흙을 깎아서 계단을 만들었는데 본뜻인 '계단'보다는 '높은 언덕'으로 의미가 확대되었다.

夌(능)은 갑골문이나 금문의 자형을 볼 때 본뜻은 '뭔가를 머리에 이고 언덕을 오르는 사람'이었으나 소전으로 오면서 사람을 뜻하는 '先(녹)' 모양에 천천히 걸을 쇠(夊)를 첨가했고, '언덕'이라는 뜻으로 확장되었다. 따라서 陵(능)은 계단(阝)을 통해야만 오를 수 있는 높은 언덕(夌)을 뜻할 뿐 아니라 그와 같이 거대한 왕의 무덤을 말한다.

살펴본 대로 墓墳塚陵(묘분총릉)이란 죽은 사람을 매장하는 방법으로, 그 규모에 따라 달리 이르는 묘지의 형태를 말한다. 죽은 자의 생전 신분과 지위에 따라 그 묘지의 형태도 달라진다. 묘분총릉은 곧 고대인들의 부활에 대한 믿음이 담겨 있는 유산이다.

墓墳塚陵(묘분총릉)_ 일반 서민의 초라한 무덤에서부터 한 나라를 운용했던 왕의 능에 이르기까지 고대인들의 무덤은 그 종류가 다양하다.

모든 이가 싫어한 죽음

亞

버금 **아**

아무리 무덤을 화려하게 꾸민다 해도 그곳에 묻히기를 좋아하는 사람은 없으리라. 이러한 의미가 담겨 있는 글자가 버금 亞(아)다.

亞(아)에 대해『설문』에서는 "亞는 추하다는 뜻이다. 사람의 등이 구부러진 모양을 본떴다. 가시중(賈侍中)의 주장에 따르면 '다음으로 하다'는 뜻을 가진 것으로 여겼다."라고 하였다.

그러나 갑골문이나 금문의 자형 역시 현재 자형과 크게 다르지 않은 것으로 보아 '곱사등'의 모양을 본떴다고 한 허신의 주장은 소전만을 보고서 한 설명이다. 고대의 분묘를 참조했을 때 시신을 안치하기 위해 무덤을 파놓은 것을 위에서 내려다본 모양으로 보인다.

죽음과 관련한 내용이기에 사람들이 싫어했고, 또한 우선하지 않았기에 두 번째라고 하는 '버금'이라는 뜻이 부여되었다. 여기에 사람의 마음이 담겨 있다는 뜻의 心(심)이 더해지면 '惡(악, 오)' 자가 되는데, 부정적인 의미가 담긴 '나쁘다', '싫어하다', '미워하다' 등의 뜻으로 쓰이게 된다.

죽음은 예나 지금이나 인간에게는 두려움의 대상이다. 그런 두려움을 떨치고자 만들어낸 것이 바로 순장(殉葬)이었다. 이러한 흔적은 器(기) 자에 남아 있다.

器
그릇 기

그릇 器(기)는 입 구 네 개(品)와 개 견(犬)으로 구성되었다. 器(기) 자는 고대의 장례 풍속인 순장(殉葬)제와 관련이 깊다. 지배계급인 왕족이 사망하면 죽은 사람과 가까운 아내나 신하, 그리고 첩이나 노예를 시신과 함께 묻는 순장 풍습은 고대에 전 세계 곳곳에서 행해졌다.

우리나라에서는 신라 지증왕 3년(서기 502년) 3월에 순장을 금지하는 법령이 반포되기도 하였다. 그래서 그 대안으로 사람 대신 동물, 동물 중에서도 특히 사람을 가까이서 잘 지켜주는 개를 금은으로 만든 귀중한 보물 및 그릇 등과 함께 무덤 속에 묻었다. 그러므로 器(기)에는 죽은 사람의 시신 곁에 순장한 개(犬)와 귀중한 보물 및 평소 망자가 사용했던 그릇(品)을 부장품으로 함께 묻었던 고대인의 장례 풍습이 담겨 있음을 알 수 있다.

세계에서 가장 오래 쓰이고 있는
한자는 어떤 원리로 만들어졌을까?

무엇을 문자(文字)라고 하는가?

문자가 없었더라면 과연 오늘날과 같은 발전이 있었을까? 언어가 동시대 사람들 사이의 소통의 도구라면, 문자는 시공간을 뛰어넘는 문화적 기록이자 고금을 넘나드는 소통의 매개체이다.

文
글월 문

글월 文(문)은 가슴에 문신을 새긴 사람을 본뜬 상형글자다. 文(문 223쪽 참조)은 본래 어떠한 '무늬'를 뜻했으나, 초기의 글자가 곧 사물의 문양이나 모양을 본뜬 상형글자이기 때문에 '글자'라는 뜻으로 확장되었다. 글자의 제작 원리인 육서(六書) 중 사물의 모양을 그대로 본떠 만든 상형(象形)과 어떠한 추상적인 개념을 가리켜 만든 지사(指事)가 文(문)에 해당한다고 볼 수 있다.

글자 字(자)는 집의 모양을 본뜬 집 면(宀)과 아직 잘 걷지 못하는 아

字

글자 **자**

이의 모양을 상형한 아들 자(子)로 짜여 있다.

고대의 풍속에서는 아이가 태어나 일정 기간이 지나면 가족의 일원이 생겨난 것으로 여기고 비로소 조상을 모신 사당에 보고하는 의식이 있었다. 이때 아이에게 이름을 지었는데, 그것이 바로 字(자)다. 나중에는 집안(宀)에 자식(子)이 불어나듯, 증가한 파생글자 모두를 의미하게 되었다.

육서 중에 두 글자의 뜻을 합해 새로운 글자를 만들어내는 회의(會意)와 뜻을 의미하는 글자와 소리글자를 더해 새로운 글자를 만드는 형성(形聲), 그리고 이미 만들어진 글자를 가지고 새로운 뜻을 유추해내는 전주(轉注)와 이미 만들어진 글자의 뜻에 관계없이 음이나 형태만을 빌려 쓰는 가차(假借)가 곧 문자 중에서도 字(자)에 해당한다고 볼 수 있다.

따라서 文字(문자)란 상형과 지사로 제작된 초기 글자(文)와 함께 여기서 다시 파생되어 불어난 글자들(字)을 말한다. 문자 중에서도 수천 년 동안 그 명맥을 이어오고 있는 한자를 들여다보면 각각의 시대적인 상황은 물론 문명의 발달과정이 잘 반영되어 있는 '역사의 숨결'이라는 생각이 든다.

사물의 모양을 본뜬 상형(象形)글자

인류의 문화가 오늘날과 같이 눈부신 성장을 이룬 것은 바로 모방의 기술 때문이다. 손을 이용해 어떤 사물의 모양을 그대로 그려내기 시작한 것은 아주 오래전에 인류가 지구에 주거한 때로부터다. 이러한 그림을 더욱 단순화한 것이 초기 인류의 소통수단이었던 상형글자다.

象

코끼리 **상**

코끼리 象(상)은 코끼리의 특징이기도 한 긴 코와 넓은 귀, 엄니 그리고 네 발과 꼬리의 모양을 그대로 본뜬 상형글자다. '코끼리'가 본뜻이지만 '상상하다', '그리다'의 뜻도 지니고 있는데, 이를 『한비자(韓非子)』 「해로편(解老篇)」에서는 "사람들은 살아 있는 코끼리를 볼 일이 드물어서 죽은 코끼리의 뼈를 줍게 되면, 그것을 근거로 살아 있는 모습을 상상하여 그리게 되었다. 그래서 사람들이 마음속으로 상상하는 것을 모두 象(상)이라 하였다." 라고 설명하고 있다.

한비자가 살았던 기원전 2~3세기보다 훨씬 전에는 중원에도 코끼리가 살았다는 이야기다. 코끼리의 긴 코를 잡고서 일을 시켰던 '할 爲(위)' 자에 그 흔적이 남아 있다. 공룡의 뼈를 통해 수십만 년 전에 살았던 공룡을 복원하는 것을 생각하면 쉽게 이해될 것이다.

形

모양 **형**

모양 形(형)은 통나무로 형틀을 짠 '우물 난간'의 모양을 본뜬 '우물 井(정)'이 변한 幵(견)과 터럭 삼(彡)으로 구성되었다. 여기서 '평평할 幵(견)'은 붓글씨를 쓸 때 일정한 크기로 쓸 수 있도록 균형을 잡아주는 틀을 말하며, 彡(삼)은 붓으로 아름답게 꾸민다는 뜻을 갖게 된다. 따라서 形(형) 자는 일정한 격자형의 틀(幵)을 놓고 붓(彡)으로 글자나 어떤 사물의 모양을 그린다는 데서 '꼴', '형상'이라는 뜻을 지니게 되었다.

그러므로 象形(상형)이란 사물의 모양(形)을 그대로 본떠 그린다(象)는 것으로, 상형글자는 사물의 모양(形)을 그대로 본떠서 인류가 의사소통을 위해 가장 먼저 만든 자형을 말한다. 사람 人(인), 소 牛(우), 개 犬(견), 대 竹(죽), 나무 木(목), 그릇 皿(명) 등이 이에 해당한다.

242

추상적인 의미를 담은 지사(指事)글자

'추상적인 개념을 어떻게 다른 사람에게 전달할까?' 하는 생각에서 만들어진 글자가 지사글자다. 어떠한 사물의 위치나 동작은 물론 마음속의 생각이나 느낌 등 눈에 보이지 않는 개념의 경우는 본뜰 대상이 없으므로 일정한 선과 점으로 그러한 뜻을 표시했다.

指
가리킬 **지**

가리킬 指(지)는 사람의 손을 뜻하는 수(手)를 쓰기 간편하게 생략한 손 수(扌)와 맛 지(旨)로 짜여 있다. 旨(지)는 비수 비(匕)와 그릇의 모양을 나타낸 '日' 모양으로 구성되었다. 즉 그릇(日)에 담긴 음식물을 수저나 국자(匕)를 이용해 맛을 본다는 데서 '맛', '맛있는 음식'을 본뜻으로 하고 있다.

여기에 손 수(扌)를 더한 指(지)는 '음식 맛을 보는 손'이라는 본뜻이 있지만 손 중에서도 식지(食指)로 주로 맛을 보기 때문에 '손가락'이란 의미도 파생되었으며, 아울러 특정한 사물을 가리킬 때는 다섯 손가락 중에서도 두 번째 손가락인 식지만을 펴 가리키기 때문에 '가리키다'는 뜻도 지니게 되었다.

事
일 **사**

일 事(사)의 갑골문 자형을 보면 '붓을 손으로 잡은 모양'을 상형한 것으로 처음에는 기록을 하는 사관(史官)을 뜻했다. 이는 자형의 기원이 같은 '역사 史(사)'와 '벼슬아치 吏(리)' 역시 갑골문에는 '붓을 손으로 잡은 모양'으로 그려져 있기 때문이다. 그러다 후대로 오면서 허신이 『설문』에서 정의한 것처럼 史(사)는 '일을 기록하는 사람'으로, 吏(리)는 '사람을 다스리는 자'로,

事(사)는 '직책'으로 분화되었다. 따라서 事(사)는 특정한 분야에서 이루어지는 '일'을 뜻하게 되었다.

따라서 指事(지사)글자란 눈으로 볼 수 없는 어떠한 추상적인 일(事)을 가리키기(指) 위해 점이나 선 등으로 나타낸 약속글자를 말한다. 一二三과 같은 숫자나 음식의 맛을 뜻한 '달 甘(감)', 사물의 근본이나 끝을 뜻하는 本(본)과 末(말) 등이 이에 속한다.

두 개 이상의 글자를 모아서 만든 회의(會意)글자

문화가 발전할수록 다양한 언어의 발전과 더불어 이를 표현할 문자의 발전도 수반되어야 한다. 그래서 다른 뜻을 가진 글자들을 조합하여 또 다른 의미를 갖는 한자가 만들어졌으니 이것이 바로 회의글자다.

會
모일 회

모일 會(회)는 뚜껑 덮인 그릇 속에 고깃덩이와 같은 먹을 음식이 담긴 모양을 상형한 것이나 후대로 오면서 '曰' 부수에 포함된 회의글자로 분류하고 있다.

자형 상부를 이루는 '모으다'는 뜻을 지닌 삼합 집(亼)이 뚜껑이며 가운데 네모 안에 담긴 것이 음식물, 그리고 자형 하부의 '曰' 모양이 그릇의 몸체를 나타낸 것이다. 뚜껑과 그릇의 몸체가 '합하다'가 본뜻인데, 그릇에 담긴 음식물을 먹기 위해 많은 사람들이 모인다는 데서 '모이다', '모으다'는 뜻이 파생했다.

뜻 意(의)는 소리 음(音)과 마음 심(心)으로 짜여 있다. 音(음)에 대해 『설문』에서는 "소리가 마음에서 우러나와 몸 밖으로 나옴이 마디마디

意

뜻 의

가 있는 것을 音(음)이라 한다."라고 했는데, 갑골문 등에서는 입(口)에 나팔과 같은 관악기를 불고 있는 모양으로 그려져 있다. 즉 사람의 입을 통해 나오는 소리를 표현한 것이다. 따라서 意(의)는 소리(音)로써 자신의 마음(心)에 담긴 의지를 알리거나 생각한다는 데서 '뜻'과 '생각'이라는 의미를 지니게 되었다.

이에 따라 會意(회의)글자란 같은 뜻이나 혹은 다른 뜻(意)을 지닌 두 개의 글자를 합하여(會) 만들어진 새로운 의미를 갖는 글자를 말한다. 예를 들면 옷을 뜻하는 衣(간략히 衤)와 칼을 의미하는 刀(도)가 어우러져 '처음 初(초)'가 되거나 농경지를 뜻하는 田(전)과 힘을 상징하는 力(역)을 더해 논밭에서 일하는 사람인 '사내 男(남)'을 새롭게 만들어내는 원리다.

뜻과 소리를 나타낸 글자들로 만든 형성(形聲)글자

인구도 많아지고 문화가 다양해짐에 따라 글자 또한 늘어남은 당연한 일이다. 그러나 앞에서 살펴본 상형 및 지사와 회의의 방법으로 새로운 글자를 만드는 데는 한계가 있었다. 그래서 뜻과 관련한 글자와 발음을 나타내는 글자를 조합하여 새로운 글자를 만들어내는 방법, 즉 형성글자가 등장하게 되었다.

그렇다고 발음을 나타내는 글자가 새로 만들어내는 글자의 뜻과 상관없이 제작되는 경우는 거의 없다. 일부에서는 발음요소인 글자는 뜻과는 전혀 무관하다며 도외시하는데, 이는 자형 전체에서 뜻을 나타내기 위해 회화적인 의미를 가미한 한자의 제작 의도를 무시한 것이다. 한자의 90% 이상이 형성글자이며 무의미하게 자형을 이룬 글자요소는 없다.

形
모양 형

모양 形(형)은 통나무로 형틀을 짠 '우물 난간'의 모양을 본뜬 '우물 井(정)'이 변한 开(견)과 터럭 삼(彡)으로 구성되었다. 여기서 '평평할 开(견)'은 붓글씨를 쓸 때 일정한 크기로 쓸 수 있도록 균형을 잡아주는 틀을 말하며, 彡(삼)은 붓으로 아름답게 꾸민다는 뜻을 갖는다. 따라서 形(형) 자는 일정한 격자형의 틀(开)을 놓고 붓(彡)으로 글자나 어떤 사물의 모양을 그린다는 데서 '꼴', '형상'이라는 뜻을 지니게 되었다.

聲
소리 성

소리 聲(성)은 경쇠 경(磬)의 생략형과 사람의 귀 모양을 본뜬 귀 이(耳)로 짜여 있다. 磬(경)은 소리 聲(성)의 옛 글자인 殸(성)과 돌 석(石)으로 이루어졌는데, 殸(성)의 좌변에 놓인 聲(성)의 간체자이기도 한 声(성)은 소리를 내기 위해 돌이나 쇠로 만든 악기를 표현한 것으로 막대기를 손에 쥐고서 두드려(殳)서 난 '소리'를 뜻한다. 여기에 그 의미를 확실히 하기 위해서 石(석)을 더했는데, 바로 'ㄱ' 자 형태의 돌을 다듬어 만든 편경이라는 악기를 연상하면 이해가 쉬울 것이다.

따라서 聲(성)은 돌이나 쇠로 만든 경쇠(磬)를 두들겨 나는 소리를 귀(耳)로 듣는다는 데서 '소리'라는 뜻을 지니게 되었다. 사람의 입을 통해 나오는 소리는 音(음)이고, 여타 다른 사물을 통해 생겨난 소리는 聲(성)으로 표현해 구별했다.

이에 따라 形聲(형성)글자란 뜻을 나타내는 글자(形)와 소리를 나타내는 글자(聲)를 조합하여 새로운 글자를 창조해낸 글자를 말한다. 예를 들면 뜻 요소로 쓰인 '쇠 金(금)'과 본다는 의미의 監(감)을 소리요소로 취하여 '거울 鑑(감)'을 새롭게 만들었는데, 금속의 일종인 청동(金)을 평평하게 만들어 얼굴을 볼 수(監) 있도록 한 것이 바로 '거울'이라는 것이다. 발음요소로 쓰인 監(감) 자도 전체적인 자형의 의미를 보다 회화적으로 나타내기 위해 쓰였음을 알 수 있다.

이와 같이 형성자라 할지라도 무의미하게 발음만을 나타내기 위해 더해진 것은 없다는 점을 유념해야 할 것이다.

원래 뜻으로부터 또 다른 의미로 쓰이는 전주(轉注)글자

한자로 구성된 문장을 읽다 보면 놓인 위치에 따라 음은 물론 그 뜻마저 확연하게 달라지는 경우가 많다. 동일한 자형에서 음과 뜻만을 달리 취하는 경우로, 문화의 다양성을 수용하기 위한 것이다. 수천 년 동안 쓰여온 한자 가운데 처음 본뜻에서 나중에 여러 가지 뜻으로 확장된 것을 전주라 한다.

轉
구를 전

구를 轉(전)은 수레 거(車)와 오로지 전(專)으로 짜여 있다. 車(거)는 우마차의 모양을 본뜬 상형글자다. 갑골문을 보면 현재의 자형보다 훨씬 자세하게 그려져 있다. 현재 자형에서는 하나의 바퀴(日)만을 그려놓았는데, 중앙의 ' ㅣ '은 굴대를 나타냈고 아래위의 '二'는 바퀴가 빠지지 않도록 고정시킨 굴대의 빗장이다. 갑골문에 보이는 것처럼 고대의 수레는 두 바퀴로 만들어졌는데, 두 마리의 말이 끄는 게 일반적이었다.

專(전)은 자형 상부의 실을 잣아 감아두는 실패 모양(叀)과 손을 뜻하는 마디 촌(寸)으로 구성되었다. 실패(叀)를 손(寸)으로 잡고서 물레에 잣아둔 실을 감을 때 다른 생각 없이 오로지 마음을 집중(專心)해야만 실이 꼬이지 않는다는 점에서 '오로지'라는 뜻을 지니게 되었다. 따라서 수레(車)의 바퀴가 굴러가듯 손으로 잡은 실패(專)를 돌려 실을 감는다는 데서 轉(전)에 '구르다', '옮기다'라는 뜻이 발생했다.

注

물 댈 주

물, 댈 注(주)는 물 수(水)의 간략형인 수(氵)와 주인 주(主)로 구성되었다. 主(주)의 본래글자는 자형 상부에 놓인 불똥 주(丶)로 갑골문이나 금문에도 보이는데 등잔의 불꽃과 같은 모양을 본뜬 것이었다. 그 뜻을 명확히 하기 위하여 등잔(王)과 불꽃(丶)을 본떠 主(주) 자를 제작했는데, 그 뜻이 불을 관리하는 '주인'이라는 의미로 확장되자 다시 불(火)의 뜻을 강조해 심지 炷(주)를 따로 만들었다.

따라서 注(주)는 물길(氵)을 큰 강과 같은 주류(主)에서 끌어댄다는 데서 '물을 대다'라는 뜻을 지니게 되었다. 또한 본문과 같은 주된 문장(主)에 물길(氵)을 대듯이 설명을 곁들이는 '주낼 註(주)'와 서로 통한다.

그러므로 轉注(전주)글자란 원래의 뜻을 지니고 있는 한자가 바퀴가 구르듯(轉) 다른 여러 가지 뜻으로 세분화(注)되어 활용되는 글자를 말한다. 예를 들면 악기의 모양을 본뜬 '풍류 樂(악)'은 음악을 들으며 즐거워한다는 '즐거울 樂(락)'으로 쓰일 뿐만 아니라 '좋아할 樂(요)'로도 전주되어 활용되고 있다.

뜻과는 관계없이 소리만을 빌려 쓰는 가차(假借)글자

다른 세상과 문화적 교류가 많아질수록 새로운 문물에 대한 인식을 돕기 위해 새로운 표기 방법이 필요하다. 다행히 그에 필적할 만한 용어나 글자가 있다면 어려울 것이 없겠지만 완전히 새로운 물건이거나 개념이라면 또 다르다. 그래서 기존의 글자 중에서 음(音)만을 빌려 쓰는 글자를 만들게 되었으니 이것이 바로 가차다.

假

거짓 가

거짓 假(가)는 서 있는 사람을 옆에서 본 모양을 상형한 사람 인(亻)과 빌 가(叚)로 짜여 있다. 叚(가)는 금문에 처음 보이는데, 바위산과 같은 산기슭(厂 엄) 아래에서 채굴한 광물을 뜻하는 두 점(二)과 우변에 그것을 잡으려는 두 손(ㄷ의 반대 모양과 又)이 그려져 있다. 즉 산에서 광물을 채취하는 모양이 그려져 있는데, 이는 곧 대자연에서 사람들이 좋아하는 옥이나 금 또는 광물을 잠시 '빌려' 쓴다는 심오한 뜻이 담겨 있다.

여기에 사람 인(亻)을 더한 假(가)에는 사람들(亻)은 대자연에서 필요한 광물을 잠시 빌려(叚) 쓴다고 했지만, 대자연으로 되돌려주기보다는 소유욕에 눈이 멀어 꼭꼭 숨겨두니 이는 곧 '거짓말'이라는 뜻이 담겨 있다. 또한 본뜻을 살려 '잠시 빌려 쓰다'는 뜻과 함께 '용서하다'는 뜻으로 확장되었다.

借

빌릴 차

빌릴 借(차)는 사람 인(亻)과 옛 석(昔)으로 짜여 있다. 昔(석)은 갑골문에도 보이는 글자로 대체로 두 가지 해석이 있다.

첫째는 햇볕(日)에 오랫동안 잘 말린 고기(자형 상부는 두 개의 물결무늬가 변한 것이다), 즉 육포를 뜻한다는 주장이다. 즉 물결무늬는 마치 'ㅅ' 자가 연이어 겹친 모양으로 '고기 육(肉)'이나 고기를 쌓아놓은 모양의 '도마 조(組)'에 나타난 것과 같이 적당하게 저민 고기를 '오랫동안' 말렸다는 데서 '옛'이라는 뜻을 지니게 되었다고 본다. 본뜻을 살리기 위해 고기 육(月=肉)을 더해 '육포 腊(석)'을 따로 제작하기도 하였다.

둘째는 자형 상부의 물결무늬가 넘쳐흐르는 물인 '홍수'를 뜻한다고 보는 견해다. 아주 옛날 '노아의 방주'가 있었던 시기는 전 세계적으로 '홍수'의 흔적이 곳곳에서 발견되고 또 이와 관련된 전설이 후대에 많이 내려오고 있다. 그래서 세월을 뜻하는 해를 상형한 日(일)에 홍수의 전설을 더해 '옛날'이라는 의미를 추출해낸 것으로 볼 수 있다. 아마도 고대의 치수(治水)와 관련하여 아주 오래된 '옛날'의 의미를 昔(석)으로 표현한 것 같다.

따라서 借(차)에는 오랫동안(昔) 친분을 나눈 사람(亻)끼리 서로 힘을 '빌리고', '돕는다'는 뜻이 담겨 있다.

이처럼 假借(가차)란 이미 있는 글자에서 뜻과 관계없이 음을 빌리고(假) 형태를 빌려(借) 씀을 말한다. 중원의 글자인 한자에서는 외래 종교인 불교의 철학적 의미를 적절하게 표현하기 힘든 개념들을 그대로 표현한 음역(音譯)글자들이 많이 있는데 산스크리트어인 dharma(法)를 달마(達磨)로 표기한 것 등이다. 또한 영어의 발음을 그대로 음역한 워싱턴(華盛頓), 베를린(栢林), 코카콜라(可口可樂) 등도 다 가차문자다.

부록 2

214 부수한자 해설

모르는 한자를 자전(字典)에서 찾을 때는 주로 부수자를 활용한다.
이러한 방법은 한나라의 허신이 『설문해자(說文解字)』에서 글자의 검
색을 편리하게 하기 위해 창안한 것으로 540부수로 분류했다. 그러다
명나라 때 『자휘(字彙)』라는 자전에서 214부수로 줄였고, 1획에서 17
획까지 순서에 따라 배열했다. 우리나라에서는 지금도 이러한 214부
수를 사용하고 있다.

본 책에서는 『설문해자』의 해설을 인용하고, 갑골문이나 금문, 소전
등을 참조하여 보다 자세하게 설명했다. 이 기본부수만 이해해도 다
양하게 조합된 한자를 파악하는 데 많은 도움이 될 것이다.

1획

『설문』에서는(다음부터는 생략) "一은 유추해보면 처음
의 태극(太極)이며, 도(道)는 一을 바탕으로 하늘과 땅을
한 일   나누어 만들고 만물을 화육시켜 이루어내었다."라고 하
였다. 一(일)을 만물의 근원인 태극으로 보았다. 따라서 글자의 제작에

서도 지사글자인 ─(일)은 모든 자형의 근본이 되고 있다. 그 뜻은 '첫째', '처음'을 의미하면서도 만물의 근본이기에 '전체'라는 뜻도 지니게 되었다.

丨 뚫을 곤

"丨은 아래위로 통한다는 뜻이다."라고 하였다. 그러면서 아래에서 위로 올려 쓰는 경우에는 신(囟: 정수리 신)으로 읽고, 위에서 아래로 내려 쓰는 경우에는 퇴(退: 물러날 퇴)로 발음한다고 하였다. 이는 곧 붓의 움직임에 대해 말한 것이다.

丶 점 주

"丶는 끊고 멈추어야 할 곳에 '丶점'을 찍어 알아차린다는 뜻이다."라고 하였다. 그러나 갑골문이나 금문에도 보이는데 등잔의 불꽃 모양을 본뜬 것이었다. 그 뜻을 명확히 하기 위하여 등잔(王)과 불꽃(丶)을 본떠 主(주) 자를 제작했는데, 그 뜻이 불을 관리하는 '주인'이라는 의미로 확장되자 다시 불(火)의 뜻을 강조해 심지 炷(주)를 따로 만들었다.

丿 삐침 별

"丿은 우측이 어그러진 것이다. 좌측으로 당겨진 모양으로 구성되었다."라고 하였다. 갑골문이나 금문에서 단독으로 쓰인 경우는 없다.

乙 새 을

"乙은 봄에 초목이 구부러져 나오는데, 음기(陰氣)가 여전히 강하기 때문에 그 나오는 모양이 구불구불한 것을 본떴다. 乙(을)은 甲(갑)을 이어 가는데, 사람의 목 부위를 상징한다."라고 하였다. 싹이 발아한 甲(갑)에 이어 새싹이 땅을 뚫고 위로 자라는 모양을 그려낸 것이다.

亅
갈고리 궐

"갈고랑이를 거꾸로 한 것을 '亅'이라 한다. 상형글자다."라고 하였다. 갑골문이나 금문에는 보이지 않으며 소전에 갈고리 모양으로 그려져 있다.

2획

二
두 이

『설문』에서는 "二는 땅의 수이다. 一(일)을 나란히 한 모양으로 구성되었다."라고 하였다. 갑골문의 자형 역시 현재까지 잘 유지되고 있다. 여기서 二(이)를 땅이라 한 것은 易(역)에서 '天一地二'라고 한 음양의 개념을 해석한 것이다.

丶
돼지해머리 두

제단(一)에 올린 돼지머리(丶)를 나타낸 것이지만, 돼지에 국한하지 않고 후대로 내려오면서 교(交)나 역(亦) 자에서처럼 사람의 머리를 가리키기도 한다.

人
사람 인

"人은 하늘과 땅 사이의 생명 중에 가장 고귀한 것이다. 이 글자는 주문(籒文)으로 팔과 다리의 모양을 본뜬 것이다."라고 하였다. 여기서 주문(籒文)이라 함은 열 가지 서체의 하나로 주나라 선왕 때에, 태사였던 주(籒)라는 사람이 창작한 한자의 글씨체다. 소전(小篆)의 전신으로 대전(大篆)이라고도 한다.

儿
어진사람 인

"儿은 人(인)의 고문기자(古文奇字)체로 상형글자다. 공자는 '儿은 아래에 놓이므로 구부렸다.'고 하였다."라고 설명했다. 여기서 고문기자라 함은 『한서(漢書)』「예문지(藝文志)」에서 제시한 여섯 종류의 서체로 고문(古文)·기자(奇字)·전서(篆書)·무전(繆篆)·예서(隸書)·충서(蟲書)를 말한다. 儿(인)은 자형의 하부에 놓이며 사람의 뜻을 지닌다.

入
들 입

"入은 안으로 들어감을 말한다. 밖으로부터 안으로 들어가는 모양을 본떴다."라고 하였다. 안 내(內) 자를 살펴보면 보다 명확히 그 뜻을 유추할 수 있다. 자형 외곽의 멀 冂(경)은 들 坰(경)의 옛글자인데, 사람들이 거주하는 곳을 邑(고을 읍)이라 하고 읍 밖을 郊(성 밖 교)라 하며, 郊의 밖을 野(들 야)라 하고 野 밖을 林(수풀 림)이라 하며 林 밖을 冂(먼데 경)이라 한다. 따라서 먼 곳(冂)으로부터 안으로 들어온다(入)는 뜻이 담겨 있다.

八
여덟 팔

"八은 나눈다는 뜻이며, 갈라지고 나뉘어 서로 등진 형태를 본떴다."라고 하였다. 어떤 사물을 칼(刀)로 나눈다(八)는 '나눌 分(분)'이나 개인의 사사로운 것(厶)을 나누어(八) 함께 쓴다는 '공변될 公(공)'이 그 일례다.

冂
먼데 경

"邑(읍) 밖을 郊(교)라 하고, 郊(교) 밖을 野(야)라 하며, 野(야) 밖을 林(림)이라 하고, 林(림) 밖을 冂(경)이라 한다. 먼데 경계를 그려내고 있다."라고 하였다. 冂(경)이 갑골문이나 금문에서 단독으로 쓰이는 경우는 보이지 않는다.

254

冖

덮을 **멱**

"冖은 덮는다는 뜻이다. 一(일)의 양옆이 아래로 늘어뜨려진 모양으로 구성되었다."라고 하였다. 즉 천이나 수건으로 어떤 물건을 덮은 모양이다.

冫

얼음 **빙**

"仌은 언다는 뜻이다. 물이 어는 모양을 본떴다."라고 하였다. 갑골문에서 단독으로 쓰이는 경우는 드물고, 금문에는 상하에 두 점(冫)을 그렸는데, 氷(빙)의 옛글자다.

几

안석 **궤**

"几는 걸터앉는 의자를 말하며 상형글자다."라고 하였다. 갑골문의 자형도 현재의 자형과 같으며 일반적으로 노인들이 앉을 때 팔을 괴어 기대기도 하는데, 책상이나 찻상과 같은 작은 탁자를 가리킨다.

凵

입 벌린 **감**

"凵은 입을 벌린 것으로 상형글자다."라고 하였다. 凵(감)은 하늘을 향해 입을 벌린 모양에서 본떴지만 위가 터진 그릇이나 함정과 같은 구덩이란 뜻으로 확장되었다. 그래서 함정에 빠져 흉함을 나타낸 흉할 흉(凶) 자나 활이나 옷가지를 보관하는 상자 함(函) 등에 쓰인다.

刀

칼 **도**

"刀는 병장기를 뜻하며 상형글자다."라고 하였다. 즉 刀(도)는 한쪽 날만을 세운 칼이다. 오늘날 주로 주방에서 쓰는 칼과 같이 한쪽 면만 날을 세우고 다른 한 면은 양념 등을 다질 수 있도록 등을 만든 것을 '刀'라고 하며 간략히 '刂'로 쓰기도 한다.

力

힘 력

"力은 힘줄이라는 뜻이다. 사람의 근육 모양을 본떴다. 공적을 다스리는 것을 力(력)이라 하는데 큰 재앙을 막을 수 있다."라고 하였다. 갑골문의 자형은 밭을 가는 쟁기나 끝이 세 갈래인 오늘날의 쇠스랑과 같은 농기구를 본뜬 것이다. 즉 논밭(田)에서 가래나 쇠스랑과 같은 농기구(力)를 사용하기 위해서는 사내(男)와 같은 힘이 요구됨을 표현한 것이다.

勹

쌀 포

"勹는 감싼다는 뜻이다. 사람이 허리를 구부린 모양을 본뜬 것이며, 뭔가를 감싸서 안고 있는 것이다."라고 하였다. 갑골문의 자형은 사람이 허리를 구부리고 두 손으로 뭔가를 안은 듯한 모양을 옆에서 본 모양이다.

匕

비수 비

"匕는 서로 더불어 나란히 늘어서다는 뜻이다. 人(인)이 반대로 된 모양으로 구성되었다. 匕(비)는 또한 밥을 먹는 데 사용하는 도구로 쓰이기에 숟가락(柶사)이라고 부르기도 한다."라고 하였다. 匕(비)가 다른 자형에 더해져 숟가락(匙시)이란 뜻도 있지만, 化(화)에서처럼 정상적인 사람(亻)이 늙어 웅크리고 있는 모습(匕)을 뜻하기도 한다.

匚

상자 방

"匚은 물건을 담는 그릇이다. 상형글자다."라고 하였다. 갑골문에도 그 자형이 보이며 뭔가 물건을 담아두는 상자의 의미를 지니고 있다. 즉 匠(장)이나 匱(궤)와 같다.

匸 감출 **혜** "후미진 샛길에 뭔가를 숨길 만한 곳이 있다는 뜻이다. ㄴ(은)으로 구성되었으며, 자형 상부의 一(일)은 뭔가로 덮은 모양이다."라고 하였다. 갑골문에는 보이지 않으며, 區(구)나 匿(닉)에 쓰이고 있다.

十 열 **십** "十은 완전히 갖춘 수다. 一은 동과 서쪽이고 ㅣ은 남과 북쪽이니 사방과 중앙을 갖추었다."라고 하였다. 한자에서 숫자 十(십)은 완성수로 여기기 때문에 신(神)이 아닌 인간에게는 부여하지 않는다. 그래서 바둑이나 무술에서 그 경지가 아무리 뛰어나다 할지라도 최고 9단일 뿐 10단은 없다.

卜 점 **복** "卜은 거북이를 불에 구워 갈라지는 무늬를 본다는 뜻이다. 거북이를 굽는 모습을 본떴다. 일설에서는 거북이의 가로세로로 갈라진 무늬를 본뜬 것이라고도 한다."라고 하였다. 자형에서 세로획(ㅣ)은 거북이를, 가로획(一)은 거북점을 칠 때 사용하는 나무라고 하며, '복'은 거북이를 구워 갈라질 때 나는 소리라고 한다.

卩 병부 **절** " 卩은 옥으로 만든 신표다. 나라를 지키는 사람은 옥절(玉卩)을 사용하고, 도성과 변방을 지키는 사람은 각절(角卩)을 사용하며, 산악지방을 지키는 사람은 호절(虎卩)을 쓰고, 평야지대를 지키는 사람은 인절(人卩)을 사용하며, 호수지역을 지키는 사람은 용절(龍卩)을 사용한다. 국경을 통관하는 사람은 부절(符卩)을 사용하고, 돌아다니며 장사하는 사람은 새절(璽卩)을 쓰며, 국

유의 도로를 사용하는 사람은 정절(旌旐)을 활용한다. 서로 합쳐진 모양을 본떴다."라고 하였다. 갑골문의 자형은 사람이 무릎을 꿇고 있는 모양이다.

厂

기슭 엄, 한

"厂은 돌산의 낭떠러지와 같은 언덕이다. 사람이 살 수 있으며 상형글자다."라고 하였다. 절벽 아래 굴이나 언덕이라는 뜻을 지니고 있다.

厶

사사 사

"厶는 간교하고 사악하다는 뜻이다. 한비자는 '창힐이 글자를 만들 때 자신만을 위해 경작한다는 의미로 厶(사)를 만들었다.'고 하였다."라고 기술하고 있다. 이는 고대 조세제도의 일종인 공전(公田)과 사전(私田)을 말하는 것으로 땅을 9등분하여 가운데는 공전, 외곽은 사전을 뜻한다.

又

또 우

"又는 손을 뜻하며 상형글자다. 세 손가락만을 그린 것은 다섯 손가락을 펼쳤을 때 줄여서 셋을 넘지 않도록 하려는 의도 때문이다."라고 하였다. 즉 한자 제작의 원리 중에 많은 숫자를 줄여 셋에 함축시키려 했기 때문이다. 又(우)는 주로 오른손을 뜻한다.

3획

『설문』에서는 "口는 사람이 말하고 먹는 곳으로 상형글자다."라고 하였다. 사람의 입을 상형한 口(구)는 인체 기관에 국한하지 않고 다양

口
입 **구**

한 쓰임으로 확장된다. 먹고 말하는 것은 물론 사람이 들고나는 문이나 한 개체를 말하는 단위 등 가장 활발하게 이용되는 기본부수 중 하나다.

口
에울 위, 큰 입구 **몸**

성벽이나 울타리 등으로 사방을 에워싼 모양을 나타낸 것으로 '둘레 위(圍)'의 본래 글자다.

土
흙 **토**

"土는 땅이 만물을 토해내어 자라게 하는 것이다. 二(이)는 땅 위와 땅 속의 모양을 본뜬 것이며, ㅣ(곤)은 만물이 나오는 모양이다."라고 하였다. 그러나 갑골문에는 흙무더기를 쌓아놓은 모양으로 그려져 있다.

士
선비 **사**

"士는 어떤 일(事)을 뜻한다. 숫자는 一(일)에서 시작하여 十(십)에서 끝나며, 士(사) 자의 구성은 一과 十으로 짜여 있다."라고 하였다. 동양학에서 十(십)은 사물의 이치를 통달한 지극한 경지를 의미한다. 따라서 士(사) 자의 의미는 하나(一)에서 열(十)까지 모든 일에 통달한 사람을 뜻한다. 요즘에도 士(사) 자가 들어가는 바둑의 기사(棋士)나 도사(道士)와 같이 해당 분야에서 뛰어난 사람에게 붙여주는 칭호로 쓰인다. 초기글자인 갑골문은 도끼 모양으로 그려져 있다.

夂
뒤져서 올 **치**

"夂는 뒤를 따라온다는 뜻이다. 사람의 두 다리 뒤에서 따라오는 자가 있음을 본떴다."라고 하였다. 갑골문에서는 천천히 걸을 쇠(夊)와 뒤져서 올 치(夂)가 구분되지는

않으나 대체적으로 '뒤처져 온다'는 내용을 담고 있다. 뒤 후(後) 등이
그렇다.

夊

천천히 걸을 쇠

"夊는 느릿느릿 발을 질질 끌면서 걷는 것을 말한다.
사람이 양발로 신을 끌고 가듯 걷는 모양을 본떴다."라고
하였다. 다른 부수에 더해지면 더디 걷거나 끌려가지 않
으려는 뜻을 담게 된다.

夕

저녁 석

"夕은 저녁이라는 뜻이다. 달이 반쯤 보이는 모양으로
구성되었다."라고 하였다. 해가 서산으로 지고 반달이 동
쪽 산허리에 걸친 모습이라 할 수 있다. 갑골문에는 반달
모양으로 그려져 있어 月(월)이나 夕(석)의 구분이 뚜렷하지 않았다.
그러다 후대로 오면서 月(월)은 달 자체를, 夕(석)은 밤을 뜻하다, 밤을
뜻하는 夜(야)의 등장으로 夕(석)은 또다시 해질녘으로 세분화되었다.

大

큰 대

"하늘도 크고 땅도 크며 사람 또한 크다. 사람의 모양
을 본떴다."라고 하였다. 갑골문의 자형은 두 팔과 다리
를 벌리고 서 있는 사람을 정면에서 바라본 모양을 그린
것으로, 최대한 몸체를 크게 한 모양에서 '크다'는 뜻을 가져왔다.

女

계집 녀

"女는 부인을 뜻한다. 상형글자다. 왕육(王育)이 말한
것이다."라고 하였다. 갑골문의 자형은 무릎을 꿇고서 양
손을 가슴에 모으고 있는 사람의 모양으로 그려져 있다.
모계사회에서는 여성이 주권을 행사했는데, 제사의 주관자 역시 여자

로서 기도하는 모양과 흡사하다.

子
아들 **자**

"子는 11월에 양기(陽氣)가 발동하여 만물이 자라난다는 뜻이다. 사람들은 이 글자로써 호칭을 삼기도 하는데, 상형글자다."라고 하였다. 갑골문에는 강보에 싸인 아기를 그리고 있다. 머리와 두 팔 그리고 하나의 다리로 묘사하고 있는데, 다리를 하나로 그린 것은 아직 서서 걷지 못하는 '갓난아이'임을 나타내려 한 것이다.

宀
집 **면**

"宀은 지붕을 팔자처럼 교차하여 덮어 만든 깊숙한 집을 말하며, 상형글자다."라고 하였다. 갑골문에는 지붕뿐만 아니라 양 벽면을 길게 늘어뜨려 그려내고 있어 깊숙하고 은밀한 내부 모양을 암시하고 있다. 주로 사람이 주거하며 사는 집을 뜻한다.

寸
마디 **촌**

"寸은 10分(분)의 길이다. 사람의 손끝에서 손목 쪽으로 1寸(촌)을 거슬러 맥이 뛰는 곳을 촌구(寸口)맥이라 하며 又(우)와 一(일)로 구성되었다."라고 하였다. 단독으로 쓰일 때는 '마디'나 '촌수', '마음'이라는 뜻으로 쓰이기도 하지만 다른 부수와 합해질 때는 주로 '손'의 용도로 쓰인다.

小
작을 **소**

"小는 사물이 아주 작다는 뜻이며 八로 구성되었다."고 하였다. 어떤 사물(丨)을 반으로 나누었기(八) 때문에 작아졌다는 의미로 해석한다.

尣

절름발이 **왕**

"尣은 절름발이를 말하며 다리가 구부러진 사람이다. 大(대)로 구성되었으며 한쪽 다리가 구부러진 모양을 본떴다."라고 하였다. 갑골문에는 보이지 않으며 소전에 나타난 자형은 한쪽 다리가 구부러진 모양인데, 尪(왕)과 같은 뜻을 지녔다.

尸

주검 **시**

"尸는 늘어져 있다는 뜻이다. 엎드려 있는 모양을 본떴다."라고 하였다. 갑골문에 표현된 자형은 사람의 옆모양을 그려놓았지만 다리 부분이 구부러져 있어, 무릎을 굽히고 웅크리고 있는 모양이다. 죽은 사람을 뜻하기도 해 '주검'이라는 의미를 부여했다.

屮

싹날 **철**

초목의 싹이 터오를 때 떡잎과 그 싹의 모양을 본뜬 것이다.

山

뫼 **산**

"펼쳐졌다는 뜻이다. 기운을 널리 펼쳐서 만물을 낳을 수 있음을 이른다. 돌이 있고 높음을 본뜬 것이다."라고 하였다. 갑골문의 자형 역시 세 개의 봉우리가 나란히 그려져 있다.

川

내 **천**

"川은 뚫어서 관통하여 흐르게 하는 물이다."라고 하였다. 갑골문의 자형은 양쪽 언덕 사이로 물이 흘러가는 모양이다. 사람의 손길이 닿은 인공적인 하천을 말한다. 즉 자형의 가운데 'ㅣ'이 물줄기를 뜻하고 좌우는 인공적으로 쌓아올린 제방을 의미한다.

工 장인 **공**
"工은 정교하게 꾸민다는 뜻이다. 사람이 가늠자(規矩)를 들고 있는 것을 본떴다."라고 하였다. 다른 부수에 더해지면 도구로써 일을 한다는 의미를 지니게 된다.

己 몸 **기**
"己는 방위상 중궁을 뜻한다. 만물이 안으로 갈무리하므로 구부러진 모양을 본떴다."라고 하였다. 갑골문의 자형 역시 지금과 큰 차이는 없다. 식물이 자랄 대로 자라 이제는 외형보다는 내실을 기하기 위해 안으로 갈무리하는 모양이다.

巾 수건 **건**
"巾은 허리에 차고 있는 수건을 말한다. 冖(멱)으로 구성되었으며, ㅣ(곤)은 허리에 묶여 있는 모양을 본뜬 것이다."라고 하였다. 옛날 의복에는 오늘날과 같이 호주머니가 없었으므로 노동을 할 때 허리춤에 묶어두고(佩) 흐르는 땀을 닦아냈다.

干 방패 **간**
"干은 침범한다는 뜻이다."라고 하였다. 고대의 개인용 방어무기인 방패의 모습을 본뜬 상형글자다. 『설문』에서 '干, 犯也'라 한 것은 방패를 들고 적진으로 침범하기 때문이었던 것 같다.

"幺는 작다는 뜻이며 아이가 막 태어났을 때의 모양을 본떴다."라고 하였다. 그러나 고문을 보면 두 개의 원이 꼬인 모양으로 실의 작은 부

幺
작을 요

분을 본뜬 것으로 실 사(糸)의 자형 중에 하부의 小가 생략된 것으로 본다. 그래서 그 뜻은 '작다', '그윽하다' 등의 의미를 지닌다.

广
집 엄

"广은 절벽에 지은 집을 뜻한다. 厂(한)으로 구성되었다. 지붕이 마주한 찌를 듯이 높은 집의 모양을 본뜬 것이다."라고 하였다. 그러나 갑골문에 그려진 자형을 보면 한쪽 벽면이 없는 개방형 집인 차고(庫)나 사당(廟)에서처럼 광대한 전당 등을 표현한 모양이다.

廴
길게 걸을 인

"廴은 길게 걷는다는 뜻이며, 彳(척)이 늘어진 모양으로 그려져 있다."라고 하였다. 그러나 부수 廴은 사람이 걷는다는 의미로서보다는 사물의 동태적 상황을 나타내는 데 주로 활용되고 있다. 예를 들면 돌 廻(회)에서처럼 물길이 빙빙 돈다든지, 끌 延(연)에서처럼 시간을 연장하거나 뭔가를 끌어들인다는 뜻으로 활용되고 있다.

廾
두 손으로 받들 공

"손으로 공경을 나타낸 것이다. 양손의 모양으로 구성되었다."라고 하였다. 오른손과 왼손으로 뭔가를 받들어 올리는 모양을 본뜬 글자다.

弋
주살 익

"말뚝이란 뜻이다. 노쇠한 나무가 꺾여 날카롭게 된 모양을 본뜬 것이다."라고 하였다. 그러나 고문을 참조해 보면, 화살의 꽁지 부위에 줄을 묶어 쏘아도 잃지 않도록 한 '주살'을 뜻하며 줄을 묶는다 하여 '표시', '푯말'이란 의미도 지니고 있다.

弓
활 **궁**

"弓은 도달한다는 뜻이다. 가까운 곳에서 멀리까지 도달하는 것이며, 상형글자다. 옛날에 揮(휘)라는 사람이 활을 만들었다. 『주례(周禮)』에 육궁이 있는데, 왕궁(王弓)과 고궁(孤弓)은 갑옷이나 과녁에 쏘는 데 쓰이고, 협궁(夾弓)과 유궁(庾弓)은 들개가죽으로 만든 과녁이나 날짐승과 들짐승을 쏘는 데 쓰이고, 당궁(唐弓)과 대궁(大弓)은 배우려는 자가 쏘는 활이다."라고 하였다. 갑골문의 자형은 활의 모양을 그대로 그린 모양이며, 금문에 와서 활시위를 매지 않은 모양으로 변화했다. 이는 곧 쓰지 않을 때는 활시위를 풀어둠으로써 활의 탄력성을 높이려는 의도로 보인다.

彐
돼지머리 **계**

"彐는 돼지의 머리를 뜻한다. 머리가 뾰족하게 위로 드러난 모양을 본떴다."라고 하였다. 갑골문에는 보이지 않으나 금문과 현재의 자형이 많이 변했다.

彡
터럭 **삼**

"彡은 붓으로 꾸며 그린 무늬를 말하며 상형글자다."라고 하였다. 터럭을 뜻하기도 하며 다른 자형에 더해지면 밝게 빛나는 모양을 나타낸다.

彳
자축거릴 **척**

"彳은 작은 걸음으로 걷는다는 뜻이며 사람의 다리를 형성하는 세 부위가 서로 연결되어 있는 모양을 본떴다."라고 하였다. 여기서 말하는 세 부위는 넓적다리와 정강이, 그리고 발을 말하는 것으로 움직일 때 활용되는 다리 전체를 의미하고 있다.

4획

心
마음 **심**

『설문』에서는 "心은 사람의 심장을 뜻한다. 土(토)의 장부다. 몸의 가운데 있으며 상형글자다. 박사(博士)의 주장에 따르면 火(화)의 장부로 간주한다."라고 하였다. 갑골문과 금문에도 보이는 자형으로 사람의 심장을 본뜬 것이다. 일반적으로 오행학설에서는 심장을 화(火)의 장부로 배당한다.

戈
창 **과**

"戈는 머리가 평평한 창이다. 弋(익)으로 구성되었고 一(일)은 가로지른 모양이며, 상형글자다."라고 하였다. 그러나 갑골문과 금문을 살펴보면 긴 나무자루 끝에 날카로운 창과 낫과 같이 또 다른 가지가 달린 무기를 나타낸 상형글자다. 이러한 창은 싸움에 쓰이는 무기를 뜻하기 때문에 다른 자형에 더해지면 '전쟁'과 같은 의미를 지니게 된다.

戶
지게 **호**

"戶는 감시한다는 뜻이다. 반쪽 門(문)을 戶(호)라 하며 상형글자다."라고 하였다. 갑골문의 자형은 외짝문의 모양으로 그려져 있다.

"手는 주먹 쥔 것을 뜻하며 상형글자다."라고 하였다. 갑골문에 나타난 모양은 又(오른손 우)나 屮(왼손 좌)와 같이 그려져 있고, 금문에 이

手
손 수

르러서야 현재의 자형과 같은 모양으로 확립되었다. 다른 부수에 더해질 때는 보통 좌변에 놓이며 간략형인 扌(수)가 쓰인다.

支
지탱할 지

"支는 대나무의 가지를 제거한다는 뜻이며, 대나무의 중간을 손으로 잡은 모양으로 구성되었다."라고 하였다. 대나무 가지(个)를 손(又)에 쥐고 있는 모양을 본뜬 것으로 본뜻은 '가지'다. 또한 손에 나뭇가지를 쥐고서 지팡이 삼으니 '지탱하다'는 뜻도 함께 지니고 있다.

攴
칠 복

"攴은 가볍게 친다는 뜻이다. 又(우)로 구성되었고 卜(복)이 소리요소다."라고 하였다. 오른손(又)에 회초리(卜)를 들고서 때린다는 것이다. 攴(복)이 다른 부수와 합해질 때는 일반적으로 알려진 글월 문(文)과 비슷하다 하여 붙여진 등(等) 글월 攵(문)을 활용하는데 주로 자형의 우변에 놓인다.

文
글월 문

"文은 교차하여 그린다는 뜻이다. 교차하는 무늬를 본떴다."라고 하였다. 갑골문이나 금문에도 보이는데, 가슴에 다양한 형태의 문신이 새겨진 사람의 모양을 본뜬 것으로 본래 어떠한 '무늬'를 뜻했으나 초기의 글자가 곧 사물의 문양을 본뜬 상형글자이기 때문에 '글자'라는 뜻으로 확장되었다.

"斗는 열 되의 용량을 말한다. 상형글자이며 자루가 달려 있다."라고 하였다. 갑골문이나 금문에도 보이는데, 긴 자루 끝에 국자 모양의

斗
말 두

뭔가를 담아낼 수 있는 기구가 달려 있다. 본래는 술을 퍼내는 기구였으나 나중에는 여러 용도로 쓰였다. 주두 두(枓)의 본래자라 할 수 있다.

斤
도끼 근

"斤은 나무를 쪼개는 도끼를 말하며, 상형글자다."라 고 하였다. 도끼의 모양을 본뜬 斤(근)의 자형에서 가로 획(一)은 도끼의 머리와 날을, 세로획(丨)은 자루를 본뜬 것이며, 좌변(厂)은 도끼날을 받는 나무와 같은 대상물을 본뜬 것이다. 갑골문에도 보이는 자형이다.

方
모 방

"方은 나란히 묶여친 배를 뜻한다. 두 척의 배를 간략 히 하여 뱃머리를 묶은 모양을 본떴다."라고 하였다. 즉 두 척의 배를 나란히 묶은 모양을 본뜬 것으로 그 모습이 네모져 '모나다'라는 뜻을 지니게 되었고, 또한 그 뱃머리가 목적지를 가리킨다 하여 '방향'이라는 뜻도 갖게 되었다. 그러나 갑골문의 자형 을 보면 땅을 갈아엎기 위해 만들어진 쟁기의 모습과도 흡사해 논란 이 되고 있다.

旡
이미 기

"음식이 기도를 막아서 숨을 쉴 수 없는 것을 '旡'라고 한다. 欠(흠)이 뒤집힌 모양으로 구성되었다."라고 하였 다. 갑골문에는 사람이 꿇어앉아 머리를 돌리고 있는 모 양으로 이미 旣(기)에서처럼 이미 밥(皀)을 다 먹고서 밥상에서 고개를 돌렸다(旡) 하여 '이미'라는 뜻이 부여되었다.

日

날 **일**

"日은 가득 차 있음을 말한 것이다. 태양의 정기 및 모양이 이지러지지 않음을 나타낸 것이다. 'ㅇ'과 一(일)로 구성되었으며 상형글자다."라고 하였다. 갑골문에도 보이는데, 태양의 둥근 모양과는 달리 네모지게 그린 것은 거북껍질이나 소의 견갑골 등에 새기려면 아무래도 둥글게 칼을 쓰는 것보다는 결을 따라 네모지게 하는 게 편리했기 때문이다. 가운데 一(혹은 점)에 관해서는 흑점 혹은 세발까마귀라며 논란이 많은데, 북두칠성의 제6성 양 옆에 위치한 육안으로는 볼 수 없는 보필(輔弼)성을 지목하여 명명한 것을 볼 때 결코 옛사람들의 지혜를 무시할 수는 없다.

曰

가로 **왈**

"曰은 말을 뜻한다. 口(구)와 'ㄴ'의 형태로 구성되었으며 입에서 기운이 나오는 것을 본떴다."라고 하였다. 말을 하면 눈으로 볼 수 없는 기운과 함께 음성이 나옴을 그려낸 것이다. 주로 문어체의 문장에서 '가로되', '말씀하시기를' 등의 의미로 쓰인다.

月

달 **월**

"月은 이지러진다는 뜻이다. 태음(太陰)의 정수로 상형글자다."라고 하였다. 천지간 기운의 크고 작음을 나타낸 三陰三陽論(삼음삼양론)에 따르면 음기(陰氣)가 가장 큰 상태를 태음이라 하며, 그 다음이 소음, 궐음 순이다. 陽(양)의 대표적인 상징물은 태양으로 항상 빛으로 가득 차 있기 때문에 實(실)이라 하며, 陰(음)인 月(월)은 이지러져 있는 때가 많기에 闕(궐)이라 한다. 그래서 갑골문 등에도 반달과 같은 모양으로 나타내고 있다.

木

나무 **목**

"木은 뚫고 나온다는 뜻이다. 땅을 머리로 밀고 나오면서 자란다. 동쪽을 상징하는 오행(五行)이며 屮(철)로 구성되었고 자형의 아랫부분은 뿌리를 본떴다."라고 하였다. 木(목)은 나무의 모양을 본뜬 상형글자로 자형 상부는 나뭇가지를, 하부는 땅에 뿌리를 내리고 있는 모양을 본뜬 것이다. 우주의 변화를 기호로 나타낸 음양오행설에서는 동방을 陽(양)의 기운을 띤 木(목)으로 설정했으며, 그 색은 나무와 비슷한 청색, 맛은 신맛이다.

欠

하품 **흠**

"欠은 입을 벌려서 내부의 공기를 내보냄을 뜻한다. 공기가 사람의 위로부터 나가는 모양을 본떴다."라고 하였다. 갑골문의 자형은 보다 사실적인데, 사람이 무릎을 꿇고 앉아 입을 벌리고 하품하는 모양이다.

止

그칠 **지**

"止는 아래에 위치한 터라는 뜻이며 풀과 나무가 그 터(땅)를 뚫고 나오는 모습을 본뜬 상형글자다. 그러므로 止 자를 발 足(족)의 뜻으로 차용했다."라고 하였다. 그러나 초기 글자인 갑골문을 보면 자형 우측의 옆으로 뻗는 모양(-)은 앞으로 향한 엄지발가락이며 중앙의 세로(ㅣ)와 좌측의 작은 세로(ㅣ)는 각각 발등과 나머지 발가락을, 자형 하부의 가로(一)는 발뒤꿈치를 나타내며 앞으로 향한 좌측 발의 모습을 그려내고 있다. 그러므로 앞으로 걷거나 멈추어 선 뜻을 내포하게 되었다.

"歺은 뼈가 부서진 잔해를 말한다. 뼈 발라낼 冎(과)를 반 쪼갠 모양으로 구성되었다."라고 하였다. 冎(과)자는 살을 도려내고 뼈만 남겨둔

270

歹
부서진 뼈 **알**

것인데, 이를 또 반으로 쪼개니 뼈의 잔해라는 뜻이다. 따라서 歺(알: =歹)이 다른 부수와 자형을 이룰 때는 '죽음'과 관련한 뜻을 지니게 된다.

殳
몽둥이 **수**

"殳는 몽둥이를 사용하여 사람을 거의 죽도록 때린다는 뜻이다. 『주례(周禮)』에 '殳는 여덟 개의 긴 대쪽을 묶어 만들며 길이는 1丈(장) 2尺(척)이다. 전차에 비치하여 여분(旅賁: 창과 방패를 잡고 왕의 수레를 엄호하는 호위병)에게 선봉에서 달리게 하였다.'고 적혀 있다. 又(우)로 구성되었고 几(수)가 소리요소다."라고 하였다. 소리요소인 几(수)는 새가 짧은 깃털로 날아간다는 뜻이라 했지만, 요즘엔 几가 단독으로 쓰일 때는 작은 의자인 안석 궤(几)로 쓰이고 있다. 殳(수)가 다른 부수와 합해질 때는 주로 자형의 우측에 놓이는데, 그 뜻은 창이나 몽둥이, 나무 지팡이 등의 의미로 쓰인다.

毋
말 **무**

"毋는 금지하는 말이다. 女(여)와 一(일)로 구성되었다. 여자에게 간사함이 있으니 '一'로써 그것을 금지시켜 간교함을 부리지 못하게 한 것이다."라고 하였다. 갑골문에 나타난 자형은 꿇어앉은 사람 모양의 상부에 여성의 유방을 강조했는데, 소전에 이르러서 어떠한 행위를 못하게 하는 금지사(禁止詞)로서 정착되었다.

比
견줄 **비**

"比는 친밀하다는 뜻이다. 두 개의 人(인)으로 구성되면 从(종)이 되고, 从이 반대로 되면 比(비)가 된다."라고 하였다. 갑골문의 자형들을 살펴보면 같은 뜻의 글자라 하더라도 그 구성부수의 순서나 위치가 바뀌는 경우가 많은 점을 고려할 때, 从(종)이나 比(비)는 같은 의미를 지닌 글자로 보인다. 사람이 나란히 서 있거나 앉아서 어깨를 '견주다'는 뜻이 담겨 있다.

毛
터럭 모

"毛는 사람의 눈썹과 머리카락 및 짐승의 털을 말하며, 상형글자다."라고 하였다. 갑골문이나 금문에서처럼 자형이 크게 변화하지 않고 쓰이는 몇 안 되는 글자다.

氏
성씨 씨, 각시 씨

"파촉(巴蜀) 지방에서는 산 절벽이 일부 붙어 있기는 하지만 곧 무너질 것 같은 것을 氏(씨)라고 이름하였다. 그러한 氏(씨)가 붕괴되는 소리는 수백 리 밖에서도 들리며 상형글자다."라고 하였다. 그러나 갑골문의 자형을 살펴보면 나무의 뿌리를 그린 모양이며, 금문 역시 뿌리에 씨앗이 매달린 모양이다.

气
기운 기

"气는 구름의 기운을 뜻하는 상형글자다."라고 하였다. 구름이 형성되는 기세를 본떠 만든 气 자는 氣(기)의 옛글자로 처음에는 '구름의 기운'을 뜻했으나 모든 기운을 뜻하는 의미로 확장되었다. 气에 쌀을 뜻하는 米(미) 자를 더해 밥을 지을 때 솥에서 피어나는 수증기를 차용해 그 의미를 보다 명확히 하였다.

水
물 수

"평평하다는 뜻이다. 북쪽 방위를 나타내는 오행이다. 여러 물줄기가 나란히 흐르는 가운데 미미한 양(陽)의 기운이 있는 것을 본떴다."라고 하였다. 갑골문의 자형이 역(易)의 괘체 중의 하나인 물을 뜻하는 坎(감, ☵)을 세로로 세운 것과 같아 외곽의 陰(음, --)이 가운데 陽(양, —)을 에워싼 모양에 빗대어 설명한 것이다. 이는 물줄기가 갈라지고 합해지는 강을 본뜬 모양이며, 간략히 세 개의 물방울(氵)로 표시하여 자형의 좌변에 놓이거나 여러 갈래의 물줄기(水)를 나타내 자형의 하변에 놓여 강이나 물의 뜻으로 쓰이기도 한다.

火
불 화

"火는 불이다. 남쪽 방위를 뜻하는 오행 중의 하나로 불꽃이 위로 솟아오르는 것이다. 상형글자다."라고 하였다. 갑골문에도 보이는데, 통나무에서 피어오르는 불꽃의 모양을 본뜬 상형글자이며, 자형의 하부에 놓일 때는 쓰기에 편리하도록 灬(화)로 쓰기도 한다.

爪
손톱 조

"爪는 손으로 잡는다는 뜻이다. 손바닥이 아래로 향하게 하는 것을 '爪'라 하며 상형글자다."라고 하였다. 반면에 손바닥이 위로 향하게 하는 것은 '掌(장)'이라고 한다. 다른 부수에 더해져 자형을 이룰 때 주로 爫(조)로 쓰이는 경우가 많다.

父
아비 부

"父는 크다는 뜻이다. 한 집안의 어른이 이끌고 가르친다는 것으로 손에 회초리를 든 모양이다."라고 하였다. 갑골문에 새겨진 父(부)는, 모계사회 시에 형성된 자형으로 손 모양을 상형한 한 '彐(손)'에 사냥용 칼이나 창(丨)을 든 모양으로 수렵을 주로 했던 남자를 뜻했다. 그러다 부계사회가 확립되면서 한

가정을 이끄는 가장이 된 남자는 '회초리(|)'를 손(ㅋ)에 들고서 아이들을 가르치는 '아버지'의 모양으로 비쳐졌다.

爻

점괘 효

"爻는 교차한다는 뜻이다. 易(역) 六爻(육효)의 앞머리가 교차하는 것을 본떴다."라고 하였다. 고문의 그림에서는 점을 치거나 숫자를 셀 때 썼던 산가지가 흩어져 있는 모양이다. 따라서 자형에 爻(효)가 첨가되면 배울 학(學)이나 깨달을 각(覺)에서처럼 '가르침을 주는 교재'의 뜻을 지니게 된다.

爿

나뭇조각 장

"片(조각 편)을 반대로 한 것이다."라고 하였다. 가구나 생활용품을 만들기 위해 통나무를 반으로 쪼갠 것 중 왼쪽 것의 모양을 본떠 '나뭇조각'이라 하였다.

片

조각 편

"片은 나무를 반으로 쪼갠 것을 말한다. 반으로 쪼갠 나무 모양으로 구성되었다."라고 하였다. 또한 그 나무를 쪼갠 또 다른 반쪽이 나뭇조각 爿(장)인데, 이 두 부수 모두 다른 자형에 더해져 주로 몸을 안락하게 하는 침상이나 평상, 또는 평편한 판자의 용도로 쓰인다.

牙

어금니 아

"牙는 어금니를 뜻하며, 위아래가 서로 어긋나 있는 모양을 본떴다."라고 하였다. 그러나 이빨 형태를 자세히 살펴보면 齒(치)는 치근(齒根)이 하나인 앞니와 송곳니를 나타내며, 또한 牙(아) 자에서 보듯 자형 상부는 맷돌과 같은 역할을 하는 어금니 상부를 그려냈고 자형 하부는 치근(齒根)이 둘인 모습을 그리고 있다. 따라서 이 전체를 말할 때는 치아(齒牙)라고 해야 옳은 표현이 된다.

牛
소 우

"牛는 일하다와 어떠한 이치라는 뜻이며, 두 개의 뿔과 머리를 나타낸 이 셋과 양 어깨 및 꼬리의 모양을 본떴다."라고 하였다. 소는 농경문화에서는 논밭을 가는 일(事)의 대명사라 할 수 있으며, 또한 사람을 대신해서 천제(天祭)에 바치는 제물로 쓰임에 따라 상서로움을 안고 있는 동물로 묘사하고 있다. 따라서 돼지(豕)나 말(馬), 코끼리(象) 등은 네 다리를 그려 넣고 있는 데 반해 신성한 의미의 소(牛)는 다리를 그리지 않고 있다. 그래서 牛 자는 어떤 중요한 물건(物件)을 나타내거나 제사와 관련된 희생(犧牲)과 같은 의미로 쓰이고 있다.

犬
개 견

"犬은 개가 한쪽 발을 들고 있는 모양으로 상형글자다. 공자는 '犬 자를 보면 개를 그려놓은 것 같다.'고 하였다."라고 하였다. 갑골문에도 보이며 개의 옆모습을 본뜬 상형글자인데, 개의 가장 큰 특징인 혀를 내민 입모양을 'ヽ'으로 표현했다. 다른 부수에 더해져 자형의 좌변에 놓일 때는 주로 간략하게 犭(견)을 사용하게 된다.

5획

『설문』에서는 "아득히 멀다는 뜻이며 아득히 멀리 있는 것인데 冖(두)의 모양으로 그 위를 덮은 것을 본떴다. 검으면서도 붉은 색을 띠

玄

가물 현

는 것을 玄(현)이라 한다."라고 하였다. 玄의 구성은 돼지 해밑 두(亠)와 작을 요(幺)로 짜여 있다. 사전에서는 두 요 소가 합해져 만들어진 회의글자로 분류하고 있지만, 의 미는 그렇지가 않다. 여기서 亠(두)는 하늘 저 멀리 날아간 새를 뜻하 는데, 시야에서 너무 멀리 떨어져 보일 듯 말 듯 작아져(幺) 가물가물 하다는 의미를 담고 있는 상형글자다. 그래서 가물 玄(현)은 무한히 펼 쳐진 하늘을 뜻한다. 검다(墨)는 뜻이 아니다.

玉

구슬 옥

"玉은 다섯 가지 덕(德)을 지니고 있다."라고 하였다. 즉 어짊의 덕(仁德)·의로움의 덕(義德)·지혜로움의 덕(智 德)·용맹스러운 덕(勇德)·남을 헤아려주는 혈덕(絜德)이 다. 갑골문에는 옥구슬 세 개(三)를 실에 꿰어(ㅣ)놓은 모양이다. 왕 (王) 자와 구분하기 위해 점(丶)을 하나 추가했지만 다른 글자와 만날 때, 즉 산호(珊瑚) 진주(珍珠)에서처럼 점을 생략한 채 '王' 자 모양으로 쓴다.

瓜

오이 과

"瓜는 넝쿨식물에 열리는 열매를 뜻하며 상형글자다." 라고 하였다. 자형 외곽은 넝쿨을 뜻하고 가운데가 오이 와 같은 열매를 의미한다. 瓜(과)는 다른 자형에 더해져 주로 넝쿨식물을 뜻하게 된다.

瓦

기와 와

"瓦는 흙으로 만든 그릇 가운데 불에 구워진 것의 총칭 이다. 상형글자다."라고 하였다. 지붕에 인 기와를 뜻하 는 瓦(와)는 갑골문이나 금문에는 보이지 않으며,『설문해자』를 자세하게 풀이한 단옥재는 주석에서 '흙으로 만들었지만 아직 굽지 않은 것은 坏(배)라 하고 구워진 것은 瓦(와)라 한다.'고 하였다.

甘
달 감

"甘은 맛이 좋다는 뜻이다. 입(口) 안에 음식물(一)을 머금은 모양으로 구성되었다."라고 하였다. 다른 부수에 甘(감)이 더해지면 음식물의 맛과 관련한 의미를 지니게 된다.

生
날 생

"生은 나아간다는 뜻이다. 풀이나 나무가 흙을 뚫고 자라나는 것을 본떴다."라고 하였다. 갑골문에도 풀이나 나무가 땅 위로 자라나는 모양이다.

用
쓸 용

"用은 베풀고 행할 수 있다는 뜻이다. 卜(복)과 中(중)으로 구성되었다. 위굉(衛宏)의 설이다."라고 하였다. 단옥재는 用(용) 자의 풀이에서 "점을 쳐서(卜) 잘 맞으면(中) 시행할 수 있기 때문에 그것(卜과 中)을 취해서 회의(會意)글자로 만들었다."라고 하였다. 그러나 고문에 그려진 것을 보면 통나무 속을 파내거나 대나무와 같이 속이 빈 '나무통' 혹은 잔가지를 엮어 만든 '울타리'를 본뜬 상형글자다. 고문에서는 以(이)가 대신하기도 하였다.

田
밭 전

"田은 진열한다는 뜻이다. 곡식 심는 곳을 '田'이라 하며 상형글자다. 口(위)와 十(십)으로 구성된 것은 천백(千百)의 제도를 뜻한다."라고 하였다. 갑골문의 자형도 현재와 비슷하다. 田(전)에는 또한 '사냥하다'는 뜻도 있는데, 고대 사람들은 밭과 같은 일정한 크기의 구획 안에서 사냥경기를 했기 때문이다.

疋

발 소

"疋는 발을 뜻한다. 자형의 상부는 장딴지를 본떴으며 아래는 止로 구성되었다."라고 하였다. 足(족)은 몸 전체(口)에서 발을 강조한 것이며, 疋(소)는 단지 무릎 아래 종아리와 발을 국부적으로 본뜬 것이다.

疒

병들어 기댈 녁

"疒은 기댄다는 뜻이다. 사람이 질병에 걸려 침상에 의지한 모양을 본떴다."라고 하였다. 글자 중에 '亠' 모양은 침대(一)에 누워 있는 환자(丶)를 뜻하고 나뭇조각 장(爿)의 간체자 모양인 '丬(장)'은 다리가 달린 침대인데, 붓으로 쓰기에 편리하게 세워놓은 것일 뿐이다. 그래서 疒(역) 자가 다른 자형에 더해지면 대부분 질병과 관련한 뜻을 지니게 된다.

癶

등질 발

"癶은 양발을 엇갈리게 놓은 모양이다."라고 하였다. 활을 쏘거나 총을 쏠 때 양발을 엇비슷하게 등져놓은 자세나 산을 오를 때처럼 양발을 벌리고 있는 모양을 상형한 것이다.

白

흰 백

"白은 서쪽 방향의 색을 뜻한다. 陰(음)기운이 작용할 때는 사물의 색이 희다. 入(입)이 二(이)와 합해진 모양으로 구성되었는데, 숫자 二(이)는 陰(음)의 수다."라고 하였다. 그러나 이에 대한 이견이 많아 일부에서는 '엄지손톱'을 본떴다고도 하고, '도토리' 혹은 '사람의 얼굴'을 본떴다는 등 논란이 많다. 또한 '말하다'는 뜻의 曰(왈)과도 연관지을 수 있을 것 같다.

皮
가죽 **피**

"皮는 짐승에게서 막 벗겨낸 겉가죽을 말한다."라고 하였다. 짐승의 가죽(厂)을 벗기기 위해 손(又)에 칼과 같은 도구(|)를 쥐고 있는 모양을 본떴다. 가죽은 단계별로 짐승에게서 막 벗겨낸 가죽을 皮(피)라 하며, 털을 제거하고 어느 정도 다듬은 것을 革(혁), 다듬은 가죽을 더욱 부드럽게 무두질한 것을 韋(위)라 한다.

皿
그릇 **명**

"皿은 밥이나 음식을 담는 그릇이며, 상형글자다."라고 하였다. 위가 넓고 받침이 있는 그릇을 상형했다. 다른 부수와 합해 새로운 글자를 형성할 때는 대부분 자형의 하부에 놓인다. 예를 들면 더할 益(익)이나 밥그릇 盧(로) 등이 그렇다.

目
눈 **목**

"目은 사람의 눈을 말하며 상형글자다. 안의 겹친 두 줄은 눈동자를 본뜬 것이다."라고 하였다. 다른 부수와 합해서 새로운 글자를 만들 때는 주로 目(목)의 모양으로 쓰이기도 하지만 때에 따라서는 德(덕)이나 睪(역) 자에서처럼 옆으로 뉘어(罒) 쓰이기도 한다.

矛
창 **모**

"矛는 긴 창인 추모(酋矛)를 말한다. 병차(兵車)에 세워 두는 것으로 길이가 2장(丈)이며 상형글자다."라고 하였다. 자형 상부는 뾰족한 쇠로 만든 창이며 ' 丿' 모양은 붉

은 깃발과 같은 장식을 뜻하고 ' | '은 탄력성이 좋은 긴 나무자루를 그려낸 것이다.

矢
화살 시

"矢는 활을 통해 격발하는 화살을 말한다. 入(입)으로 구성되었고, 화살촉과 활 시위대 그리고 깃털로 만들어진 전체 모양을 본떴다. 옛날에 이모(夷牟)라는 사람이 처음 화살을 만들었다."라고 하였다. 그러나 갑골문을 보면 들 입(入) 자와는 관련이 없으며 화살 전체의 모양을 본뜬 상형글자임이 분명하다. 矢(시)가 다른 부수에 더해지면 화살이란 본뜻을 유지하는가 하면 '짧을 短(단)'의 쓰임에서처럼 그 규모가 짧거나 왜소한 뜻을 지니면서 장단의 기준이 되기도 한다.

石
돌 석

"石은 산의 돌을 뜻한다. 벼랑 아래 있는 것으로 口(구)는 돌을 상형한 것이다."라고 하였다. 갑골문 역시 벼랑(厂)과 돌(口)의 모양을 그려내고 있다.

示
보일 시

"示는 하늘이 상(象)을 드리워 사람들에게 길흉(吉凶)을 보여주는 것이다."라고 하였다. 그러면서 자형 상부의 두 획(二)은 윗 상(上)의 옛글자로 보았으며, 자형 하부의 세 획(小)에 대해서는 해(日)와 달(月), 그리고 별(星)을 상징한다고 하였다. 그러나 상형글자로 본 示(시) 자는 자형 상부의 一(일)은 조상신이나 천신에게 올린 제물을, 가운데 자형(丁)은 제단을, 그리고 좌우로 삐친 자형(八)은 제물에서 흘러나온 피를 의미하는 것으로 본다. 그래서 신성한 신에게 정성을 드러내 '보이다'라는 의미였으나 후대로 내려오며 그 뜻이 확장되어 '보일 시' 외에도 '땅 귀신 기'와 '둘 치'로 확장되었다. 따라서 이 示(시) 자가 들어가는 글자는 제사나 귀신 혹은 신령한 의미를 담게 된다.

内
발자국 유

"内는 짐승의 발이 땅을 밟고 있는 것이다. 상형글자며 九(구)가 소리요소다. (가장 오래된 글자풀이 책인)『이아(爾雅)』에서는 '여우(狐: 호), 살쾡이(狸: 리), 오소리(貛: 환), 담비(貉: 학) 등은 그 발을 蹯(번)이라 하고 그 발자국은 内(유)라 한다.'고 하였다."라고 하였다. 갑골문에는 보이지 않는다.

禾
벼 화

"禾는 좋은 곡식이라는 뜻이다. 2월에 처음 싹이 트고 자라서 8월에 익는데, 사계절 중 중화(中和)의 기운을 받으므로 禾(화)라 하였다."라고 하였다. 禾(화)의 자형은 갑골문에도 보이는데, 곡식의 이삭이 익어 수그러진 모습을 본뜬 상형글자다. 고개를 숙인 이삭(丿)과 좌우로 뻗은 잎사귀(一), 그리고 줄기(丨)와 뿌리(八)를 그려내고 있다. 특히 벼는 곡식 중에서도 가장 으뜸인 점을 감안하여 모든 곡식의 총칭으로 쓰이기도 한다.

穴
구멍 혈

"穴은 흙집을 말한다. 宀(면)으로 구성되었으며 八(팔)이 소리요소다."라고 하였다. 그러나 穴(혈)은 고대의 주거 형태로 땅을 파내어 만든 동굴 형태의 집을 본뜬 상형글자다.

立
설 립

"立은 서 있다는 뜻이다. 大로 구성되었으며 땅(一) 위에 서 있는 모양이다."라고 하였다. 갑골문의 자형 역시 두 팔을 벌린 사람(大)이 땅(一) 위에 서 있는 모습으로 그려져 있다.

6획

竹
대 죽

『설문』에서는 "竹은 겨울에도 살아 있는 풀이며, 상형 글자다. 아래로 드리운 것은 죽순껍질이다."라고 하였다. 갑골문에도 보이며, 대나무 줄기(丨)에 죽순이 올라오며 자연스레 벗겨지는 껍질을 나타낸 것이다. 죽(竹)이 다른 부수를 만나 새로운 글자를 만들 때는 대부분 자형의 상부에 놓이며 대나무와 관련한 뜻을 지니게 된다.

米
쌀 미

"米는 곡식의 알맹이라는 뜻이다. 벼와 기장의 알맹이 모양을 본떴다."라고 하였다. 갑골문에도 보이며 가로획(一)을 중심으로 상하에 각각 세 점이 곡식의 낱알을 표시하고 있다.

糸
실 사

"糸는 가는 실이다. 실을 타래지은 모양을 본떴다."라고 하였다. 갑골문이나 금문, 그리고 소전체에서도 실을 감은 모양으로 그려져 있다. 糸(사)가 다른 자형에 더해지면 '실, 천, 묶다, 잇다' 등의 뜻을 지니게 된다.

缶
장군 **부**

"缶는 질그릇으로 술과 장류 등을 담는다. 진나라 사람들은 이 용기를 두들기며 노래의 박자를 맞추었다는데, 상형글자다."라고 하였다. 갑골문에도 보이는데, 자형의 상부는 뚜껑이며 하부는 배가 불룩한 항아리 형태의 용기를 그리고 있다. 缶(부)가 다른 부수에 더해지면 대부분 진흙을 구워 만든 용기(容器)와 관련한 뜻을 갖게 된다.

网
그물 **망**

"网은 포희씨(庖犧氏, 팔괘를 만든 복희씨의 또 다른 명칭)가 줄을 얽어 사냥하고 물고기를 잡았던 그물을 말한다. 宀(면)으로 구성되었으며, 자형의 하부는 그물의 얽어진 모양을 본뜬 것이다."라고 하였다. 网(망)은 자형 상부에 놓이며 그물이라는 의미를 가지나 또 다른 그물 罒(망)에 비해 잘 쓰이지는 않는다.

羊
양 **양**

"羊은 상서롭다는 뜻이다. 두 뿔과 네 발, 그리고 꼬리의 모양을 본떴다."라고 하였다. 羊(양)은 牛(소)와 함께 신에게 바치는 대표적인 동물로 희생할 犧(희)의 자형을 이루고, 또한 착하고 온순하다는 이미지를 빌어 착할 善(선)에도 차용되고 있다.

羽
깃 **우**

"羽는 새의 기다란 깃털을 뜻하며 상형글자다."라고 하였다. 새의 날개는 반드시 짝으로 되어 있기 때문에 나란히 그렸는데, 좌우 날개를 상형한 非(비)가 '아니다'라는 의미로 확장되자 羽(우)가 그 역할을 하고 있다. 따라서 羽(우)는 다른 부수에 더해져 주로 '날개'나 '난다'는 의미로 쓰이고 있다.

老

늙을 로

"老는 늙었다는 뜻이다. 나이 70을 老(로)라고 하며, 人(인)과 毛(모) 그리고 匕(비)로 구성되었다. 수염과 머리칼이 하얗게 변했음을 말한다."라고 하였다. 갑골문에는 허리 구부정한 사람이 지팡이를 짚고 있는 모양으로 노인을 뜻한다. 지팡이 모양이 化(화)의 본래자인 匕(비)로 바뀌었다.

而

말 이을 이

"而는 수염을 말하는 것으로 상형글자다."라고 하였다. 而(이)는 갑골문이나 금문에도 보이는 자형으로 사람의 옆얼굴에 난 구레나룻을 의미하기도 했지만 코밑과 턱에 난 수염을 뜻하게 되었다. 그러나 본뜻인 '수염'보다는 말을 이어주는 어조사로서 널리 쓰이고 있다. 즉 위아래 수염처럼 말을 '머뭇거리다'가도 다음 문장으로 '이어줌'을 뜻해 '말 이을 이'로 확장되었다.

耒

쟁기 뢰

"耒는 밭을 갈 때 사용하는 굽은 나무, 즉 쟁기를 뜻한다. 나무 木(목)으로 구성되었으며 어지럽게 자라난 풀(丯)을 밀어내는 도구다."라고 하였다. 나무 木(목)에 풀이 자라 산란할 丯(개)를 더해 만든 회의글자다.

耳

귀 이

"耳는 듣는 것을 주관하는 기관을 말한다. 상형글자다."라고 하였다. 갑골문이나 금문에서도 현재의 자형과는 다르지만 사람 귀의 모양을 그리고 있다.

"聿은 글을 쓰는 도구다. 楚(초)나라에서는 '律(율)'이라 했고, 오(吳)나라에서는 '不律(불률)'이라 했으며 연(燕)나라에서는 '弗(불)'이라 하

聿
붓 율

였다."라고 기록하고 있다. 자형 상부의 聿(사)는 손으로 붓대를 잡은 모양이며 하부의 二(이)는 먹을 묻히는 털에 해당한다.

肉
고기 육

"肉은 크게 썬 고깃덩이를 뜻하는 상형글자다."라고 하였다. 일반적으로 짐승의 사체에서 잘라낸 살코기를 뜻하며 肉(육) 자가 다른 부수와 합해질 때는 군살 胬(노)처럼 자형의 하부에 놓이며, 자형의 좌측이나 상부에 놓일 때는 배 腹(복)이나 장수 將(장)과 같이 동일한 뜻을 지닌 月(육달 월)로 줄여 쓴다.

臣
신하 신

"臣은 끌고 간다는 뜻이다. 군왕을 섬기는 사람으로 몸을 굽혀 복종하는 모습을 본떴다."라고 하였다. 그러나 갑골문 등에서는 부릅뜬 눈을 본뜬 글자로, 노예로 붙잡혀 온 사람의 눈을 그렸다. 고대에는 왕의 노예가 주로 수발을 들었으니 후에는 신하로까지 그 의미가 발전했다.

自
스스로 자

"自는 사람의 코를 뜻한다. 코의 모양을 본뜬 상형글자다."라고 하였다. 그러나 요즘에는 '코'의 의미로 쓰이는 경우는 드물고 보다 그 뜻을 명확히 하기 위하여 코 鼻(비)를 만들었다. 따라서 '自'의 현재 의미는 '~로부터' 와 '자기 자신', 그리고 '저절로'라는 뜻으로 활용되고 있다.

"至는 새가 높은 곳으로부터 날아와 땅으로 내려온다는 뜻이다. 一(일)로 구성되었으며, 一(일)은 땅을 뜻하고 상형글자다. 위로 올라가

至
이를 지

지 않고 아래로 내려온다는 뜻이다."라고 하였다. 갑골문에도 보이며, 일부에서는 화살이 멀리에서 날아와 땅에 꽂히는 모양을 본뜬 것이라 해석하기도 한다.

臼
절구 구

"臼는 알곡을 찧는 절구다. 옛날에는 땅을 파서 절구를 만들었는데, 그 후에는 나무나 돌을 뚫고 파서 만들었다. 상형글자이며 가운데는 알곡의 모양을 본뜬 것이다."라고 하였다. 일부에서는 절구 안쪽에 있는 것은 알곡이 아니라 파인 홈이라고도 주장한다. 매끄럽기보다는 거칠어야 공이로 찧는 알곡의 껍질이 쉽게 벗겨지기 때문이다.

舌
혀 설

"舌은 입 안에 있는 것으로 말을 하고 맛을 구별하는 것이다. 干(간)과 口(구)로 짜여 있다."라고 하였다. 입 밖으로 내민 혀를 본뜬 것으로, 입(口) 안에서 방패(干)와 같은 역할을 한다는 의미를 부여했다.

舛
어그러질 천

"舛은 두 사람이 등을 돌리고 누워 있다는 뜻이다. 夊(쇠)와 자형 우부가 서로 등을 지고 있는 모양으로 구성되었다."라고 하였다. 어그러질 舛(천)은 단독으로 갑골문이나 금문에는 보이지 않는 자형이지만, 춤출 무(舞)의 금문을 보면 사람이 장식물을 들고서 춤추는 모습을 그리고 있는데 두 발(舛)의 모양을 그려내고 있다.

"舟는 배를 말한다. 옛날에 공고(共鼓)와 화적(貨狄)이 나무를 쪼개

舟
배 주

어 배를 만들고 나무를 깎아 노를 만들어 통하지 못했던 곳을 건너게 하였다. 상형글자다."라고 하였다. 갑골문을 보면 여러 개의 판자를 덧대어 만든 직사각형의 네모진 배로 그려져 있다.

艮
어긋날 **간**

"艮은 물러나 돌아간다는 뜻이다."라고 하였다. 艮(간)은 눈 목(目)의 간략형과 사람의 모습이 변화됨을 뜻하는 '匕(화)'가 어우러져 만들어진 회의글자다. 즉 눈(目)을 뒤로 돌려보는 사람(匕)의 모습을 담은 글자로, 앞에 산이나 언덕(阝=阜)이 나타나면 오던 길을 되돌아본다(艮)는, 더 이상 어쩔 수 없는 한계나 한정(限定)의 뜻을 내포하고 있다.

色
빛 색

"色은 얼굴에 나타난 기운이다. 人(인)과 卩(절)로 구성되었다."라고 하였다. 소전에 나타난 色(색)의 자형은 아랫부분은 무릎을 꿇고 엎드린 여자, 윗부분은 그 위를 올라탄 남자의 모양이다. 즉 남녀 간의 성행위 모습을 그려낸 글자다. 이때 남녀의 얼굴은 발갛게 달아오르기 마련이어서 달리 색기(色氣)라고 한다.

艸
풀 초

"艸는 모든 풀을 의미하며 두 개의 屮(초목의 싹)로 짜여 있다."라고 하였다. 나아가 屮(풀 철)이 세 개인 것은 보다 간소하게 풀 훼(卉)로 했고, 屮이 네 개인 것은 잡풀 우거질 망(茻)으로 했는데, 대부분의 자형에서 글자의 상부에 놓일 때는 艹(초)로 약칭되었고 하부에 놓일 때는 '十'이나 '大' 모양으로 더욱 간략화되어 쓰이고 있다.

虎
호피무늬 호

"虍는 호랑이의 무늬라는 뜻이며, 상형글자다."라고
하였다. 또한 호랑이 전체 모습을 본뜬 虎(호)에 대해 "虎
는 산짐승 중에 제왕을 뜻하며, 호랑이의 무늬를 뜻하는
虍(호)와 儿(인)으로 구성되었다. 호랑이의 발은 사람의 발을 본뜬 것
이다."라고 하였다. 부수로 쓰일 때는 호피무늬 虍(호)가 주로 쓰인다.
그러나 虎(호) 자는 갑골문이나 금문에서 보면 호랑이 모습을 본뜬 상
형글자임이 분명하다. 따라서 사람의 발(儿)을 본뜬 것이 아니라 자형
전체가 호랑이의 모습이다.

虫
벌레 충, 훼

"虫은 일명 살무사를 뜻하는 蝮(복)이라고 한다. 몸의
넓이가 3촌이며 머리 크기가 엄지손가락만 하다. 그 누
워 있는 모양을 본떴다. 만물 가운데 아주 작은 것들은
혹은 걸어다니기도 하며, 혹은 날아다니기도 하고, 혹은 털이 나 있기
도 하며, 혹은 달팽이처럼 맨몸이기도 하며, 혹은 껍질을 가진 갑각류
이기도 하고, 혹은 비늘이 있기도 하다. 이러한 모든 종류를 '虫'으로
본뜬 것이다."라고 하였다. 갑골문이나 금문의 자형은 머리가 큰 뱀을
간략히 그린 모양이다.

血
피 혈

"血은 제사를 지낼 때 올리는 희생의 피를 말한다. 皿
(명)으로 구성되었고, 一(일)은 그릇에 담긴 피를 본뜬 것
이다."라고 하였다. 고대에 제사를 지낼 때는 희생 동물
의 피를 그릇 가득 담아 바쳤다. 특히 촌각을 다투는 전쟁에 앞서 승리

를 기원하며 毛血盤(모혈반) 제사를 지냈는데, 살아 있는 동물에서 자른 꼬리털(毛)과 피(血)를 쟁반(盤)에 담아 간단히 지냈다.

行
다닐 행

"行은 사람이 걷거나 뛰어가는 걸음걸이를 뜻하며, 彳(척)과 亍(촉)으로 구성되었다."라고 하였다. 그러나 갑골문 등에서는 사람과 우마차가 다니는 네거리를 본뜬 상형글자로 풀이하고 있다. 따라서 行(행) 자 들어간 글자는 대부분 거리에서의 행위를 나타내게 된다.

衣
옷 의

"衣는 의지한다는 뜻이다. 윗옷을 衣(의)라 하고 아래옷은 常(상)이라 하며, 두 명의 사람을 뒤덮은 모양을 본떴다."라고 하였다. 그러나 갑골문은 두 사람이 아니라 목을 중심으로 옷깃이 좌우로 나뉜 모양으로 그려져 있어, 상체에 입는 옷을 말한다. 치마를 나타내는 현재의 자형은 치마 裳(상)이다. 다른 자형의 좌변에 더해질 때는 衤(의)로 쓰기도 한다.

襾
덮을 아

"襾는 덮는다는 뜻이다. 冂(멱)으로 구성되었으며 위아래를 덮는 모양이다."라고 하였다. 자형 상부의 一(일)은 하늘을 뜻하고 위에서 아래로 덮는 것은 冖(멱)이며 아래서 위로 덮는 것은 자형 중앙에 있는 '�凵' 모양이다. 따라서 위아래에서 감싼 것을 말한다.

見
볼 견

『설문』에서는 "見은 본다는 뜻이다. 目(목)과 儿(인)으로 구성되었다."라고 하였다. 갑골문에도 보이며 눈을 강조해 사물을 본다는 뜻을 나타내고 있다. '나타나다', '드러나다', '보이다'라는 뜻으로 쓰일 때는 '현'으로 발음한다.

角
뿔 각

"角은 짐승의 뿔을 뜻하며 상형글자다."라고 하였다. 짐승의 뿔을 말하지만, 그 의미가 다양하게 확장되어 '모서리', 도형의 '각도', '나팔'로도 쓰여 궁(宮)·상(商)·각(角)·치(徵)·우(羽) 오음(五音) 중의 셋째 음을 나타내기도 한다.

言
말씀 언

"직접 말하는 것을 言(언)이라 하고 여러 사람이 토론하는 것을 語(어)라고 한다. 口(구)로 구성되었으며 자형 상부의 건(辛의 하부에서 一이 빠진 글자)이 소리요소다."라고 하였다. 즉 입(口)에 나팔 모양의 악기(辛)를 대고서 소리를 낸다는 뜻을 담았는데, 言(언)이 들어가는 글자는 입을 통해 소리로 묘사하는 다양한 행동적 양식을 나타내게 된다.

谷
골 곡

"샘(泉)에서 흘러나와 하천(川)으로 통하게 하는 것이 谷이다. 물줄기가 굴(口)에서 나오는 것이 반쯤 드러나 보이는 모양으로 구성되었다."라고 하였다. 갑골문의 자형도 현재의 모양과 거의 같은데, 산 사이의 골짜기로 난 물길이 아직은 완만하게 흐르는 하천이 아니라 바윗돌(口)과 같은 장애물을 비껴 흐르는(두 개의 儿) 모양이다.

豆
콩 두

"豆는 옛날에 음식이나 고기를 담던 그릇을 말하며 상형글자다."라고 하였다. 뚜껑(一)을 덮어 따뜻한 국물을 담을 수 있는 발(亠)이 달린 비교적 작은 그릇(口)을 본뜬 것으로 일반적으로 제기(祭器)를 의미한다. '콩'이란 의미는 콩이나 팥을 뜻하는 '좀콩 荅(답)'과 발음이 비슷한 데서 가차하여 쓴 것이며, 보다 그 뜻을 명확히 하기 위해 식물을 뜻하는 풀 초(艹)를 더해 '콩 荳(두)'를 별도로 제작했다.

豕
돼지 시

"豕는 돼지를 뜻한다. 그 꼬리가 등으로 말려 올라가 있기 때문에 豕(시)라고 말한다. 털과 다리 그리고 뒤에 꼬리가 있는 모양을 본떴다."라고 하였다. 갑골문과 금문의 자형은 지금의 모양과는 달리 보다 사실적이다. 豕(시)가 다른 자형에 더해지면 돼지와 관련한 뜻을 지니게 된다.

豸
해태 치, 갖은돼지 시

"豸는 긴 등뼈를 지닌 짐승이 살금살금 가면서 엿보아 죽이려고 하는 모양이다."라고 하였다. 갑골문의 자형을 보면 입을 크게 벌리고 있는 모양의 육식동물임을 강조하고 있다. 표범(豹표)이나 승냥이(豺시)처럼 먹잇감을 노릴 때 몸을 낮추는 모양을 그려냈다.

"貝는 바다의 단단한 껍질을 지닌 생물이다. 육지에서 사는 것은 猋(표)라 부르고, 물속에서 사는 것은 蛹(함)이라 부른다. 상형글자다. 옛

貝
조개 **패**

날에는 조개껍질(貝)을 화폐로 사용했고 거북껍질(龜)은 보물로 여겼다. 주(周)나라에서는 泉(천)이라는 화폐를 사용했고, 진(秦)나라에서는 조개화폐(貝)를 없애고 錢(전)을 사용했다."라고 하였다. 고대에는 조개를 화폐로 활용했는데, 여느 바다나 강에서 쉽게 구할 수 있는 일반적인 조개가 아니라 남중국해나 인도양 등지에서 나는 희귀하고 아름다운 아주 단단한 것이었다. 갑골문의 자형은 두 쪽으로 벌려진 조개의 모습이었으나 금문으로 오면서 두 개의 촉수를 내민 현재의 글자 모양을 갖추게 되었다. 이 貝(패)가 다른 부수에 더해지면 대부분 재화와 관련한 뜻을 지니게 된다.

赤
붉을 **적**

"赤은 남쪽 방위를 나타내는 색이다. 大(대)와 火(화)로 구성되었다."라고 하였다. 갑골문 자형은 두 팔과 다리를 벌리고 있는 사람의 모습을 상형한 큰 대(大)와 불 화(火)로 이루어져 있다. 이 글자는 고대의 기우제(祈雨祭)와 관련이 깊다. 극심한 가뭄이 오면 통치권자는 장작더미로 제단을 만들고 사람(大)을 제물로 바치며 불(火)을 피워 비 내려줄 것을 갈망했는데, 그 불빛이 '붉다'는 뜻이다.

走
달릴 **주**

"走는 빨리 달린다는 뜻이며 夭(요)와 止(지)로 짜여 있다."라고 하였다. 그러면서 "夭는 구부린다는 뜻"이라 했는데, 좀 더 부연하면 정면에서 바라본 사람의 모습을 본 뜬 大(대) 자에 고개를 젖힌 머리(丿)를 나타낸 상형글자다. 夭(요)는 다양한 뜻을 담고 있는데, 여기서는 앞으로 내달리기(止) 위해 연신 고개를 앞뒤로 흔들며(夭) 뛰어가는 모습을 그려내고 있다.

足
발 족

"足은 사람의 발을 뜻하며 몸의 아래쪽에 위치해 있다. 口(구)와 止(지)로 짜여 있다."라고 하였다. 대부분 자형 상부의 口(구)를 허벅지라고 규정하고 있으나 『설문』에서는 몸 전체를 비유한 것이라고 보고 있다.

身
몸 신

"身은 사람의 몸이라는 뜻이다. 人(인)으로 구성되었고 申(신)의 생략형이 소리요소다."라고 하였다. 그러나 갑골문의 자형을 보면 배가 불룩한 사람, 즉 아이를 임신한 여자의 모습으로 그려져 있다.

車
수레 거

"車는 바퀴가 달린 수레의 총칭이다. 하후(夏后)의 시대에 해중(奚仲)이 만들었으며 상형글자다."라고 하였다. 車(거)는 우마차의 모양을 본뜬 상형글자다. 갑골문을 보면 현재의 자형보다 훨씬 자세하게 그려져 있다. 현재 자형에서는 하나의 바퀴(曰)만을 그려놓았는데, 중앙의 '丨'은 굴대를 나타냈고 아래위의 '二'는 바퀴가 빠지지 않도록 고정시킨 굴대의 빗장이다.

辛
매울 신

"辛은 가을철에 만물이 숙성하게 된다는 뜻이다. 쇠(金)는 단단하면서 그 맛이 맵다. 지나치게 매우면 눈물이 나온다. 一(일)과 䇂(건; 자형 하부의 一이 빠진 모양)으로 되었으며 䇂(건)은 죄를 뜻한다."라고 하였다. 갑골문의 자형은 문신이나 고문을 가할 때 쓰는 쇠꼬챙이 모양이며, 얼굴에 묵형(墨刑)을 가하면 그 고통이 심하기 때문에 '맵다', '독하다', '괴롭다' 등의 뜻으로 쓰였다.

辰

별 진

"辰은 진동한다는 뜻이다. 3월이 되면 양기(陽氣)가 발동하여 우레와 번개가 치며, 백성들은 농사철을 맞고, 만물은 생장한다. 辰(진)은 방성(房星)으로 천시(天時)를 나타낸다."라고 하였다. 갑골문의 자형은 조개껍질을 갈아서 만든 칼과 같은 모양의 농기구를 본뜬 것이다. 주로 알곡을 채취할 때 쓰이므로 농사와 관련한 뜻을 지니기도 한다.

辵

쉬엄쉬엄 갈 착

"辵은 갑자기 가거나 갑자기 멈춘다는 뜻이며 彳(척)과 지(止)로 구성되었다."라고 하였다. 辵 자의 자형 그대로 쓰이는 경우는 드물고 다른 글자와 합하여 새로운 글자로 불어날 때는 辶(착)으로 간략화되어 쓰인다.

邑

고을 읍

"邑은 나라를 뜻하며, 囗(위)로 구성되었다. 선왕(先王)이 법을 제정하여 존비(尊卑)와 대소(大小)의 차이를 두었다. 卪(절)로 구성되었다."라고 하였다. 갑골문에서는 성곽을 뜻하는 囗(위)아래에 사람이 꿇어앉은 모습(卩)을 그려내 사람의 거주지를 나타냈다. 다른 자형에 더해질 때는 우측에 阝(읍)으로 줄여 쓴다.

酉

닭 유

"酉는 나아가 이룬다는 뜻이다. 8월이 되면 기장이 익는데 술을 빚을 수 있다. 고문의 모양을 본뜬 것이다."라고 하였다. 갑골문의 자형은 술을 담아둔 항아리 모양으로 본뜻은 '술'이었다. 보통 술 마실 시간은 닭이 둥우리에 드는 해질 무렵이라는 점에서 12지지(地支)의 열 번째인 '닭'의 뜻으로 쓰이자,

물 氵(수)를 더해 '술 酒(주)'를 따로 만들었다. 그래서 '술 빚을 醞(온)', '진한 술 酎(주)', '취할 醉(취)'와 같이 酉(유)가 다른 자형에 더해지면 대부분 술과 관련한 뜻을 지니게 된다.

采
분별할 변

"采은 판별한다는 뜻으로 짐승의 발가락이나 발톱의 자국으로 분별되는 것을 본떴다."라고 하였다. 예를 들자면 番(번)에서처럼 밭(田)에 찍힌 발자국(采)을 통해 그 오가는 방향은 물론 어떤 동물인지 식별할 수 있다고 보았다.

里
마을 리

"里는 거주한다는 뜻이다. 田(전)과 土(토)로 구성되었다."라고 하였다. 갑골문에는 보이지 않으며 금문의 자형 역시 현재와 같다. 곡식을 심을 수 있는 땅(土)으로 이루어진 일정 크기의 밭(田) 주위에 사람이 모여 살기 때문에 '마을'이란 뜻을 지니게 되었다.

8획

金
쇠 금

『설문』에서는 "金은 다섯 가지 색의 쇠를 뜻한다. 그 가운데서도 황금을 으뜸으로 여긴다. 금은 땅속에 오래 묻어두어도 녹이 생기지 않고, 백 번을 제련해도 감소하지 않으며 모양을 바꾸어도 변하지 않는다. 서쪽을 나타내는 오행이다. 흙에서 생겨나므로 土(토)로 구성되었으며 거푸집의 좌우에서 부을 때 쇠가 흙속에 있는 모양을 본떴다. 今(금)은 소리요소가 된다."고 하였다. 金(금)은 갑골문에는 보이지 않고 금문에 보이는데, 잘 살펴보면 주물(鑄物)을 할 때 쓰이던 거푸집(厶)과 녹인 쇳덩이(土와 두 개의 점)를 상형한 것임을 알 수 있다. 그러나 대부분 소리요소인 금(今)의 생략형에다 흙(土)에 덮여 있는 두 덩어리(두 점)의 금을 나타낸 형성글자로 보는 경향이 많은데 금문을 고려하지 않은 탓이다.

長
길 장

"長은 오래되고 멀다는 뜻이다. 兀(올)과 匕(화)로 구성되었다. 厶(망)은 소리요소다. 兀(올)은 높고 멀다는 뜻이다. 오래되면 변화한다."라고 하였다. 그러나 갑골문의 자형을 살펴보면 사람의 긴 머리와 발을 그린 것으로, 특히 사람의 신체 중 가장 긴 것이 머리카락이므로 '길다'는 뜻으로 쓰였을 뿐만 아니라 어린아이보다는 노인의 머리카락이 보다 길므로 '어른'을 뜻했다.

門
문 문

"門은 듣는다는 뜻이다. 두 개의 戶(호)로 구성되었으며 상형글자다."라고 하였다. 갑골문의 자형 역시 현재의 모양에서처럼 두 개의 문으로 그려져 있다. 허신이 '듣는다'고 풀이한 것은 문을 통해 집안에서든 밖에서든 들을 수 있기 때문이다.

阜
언덕 부

"阜는 큰 언덕을 말한다. 돌이 없는 산이며 상형글자다."라고 하였다. 갑골문을 보면 인공적으로 만든 계단 모양이다. 고대 황하유역 사람들의 거주지였던 토굴을 오르내리기 쉽게 통나무를 깎아 계단을 만든 모양이었다. 또한 높은 언덕을 오르내리기 쉽도록 흙을 깎아내 계단을 만들었는데 본뜻인 '계단'보다는 '높은 언덕'이라는 의미로 확대되었다. 阜(부)가 쓰이는 경우는 드물고 대부분 자형의 좌변에 약자인 阝(부)가 쓰인다.

隷
미칠 이

"隷는 뒤따라 잡는다는 뜻이며, 又(우)와 尾(미)의 생략형으로 구성되었다. 손(又)으로 꼬리를 잡는다는 것은 뒤따라가서 붙잡는다는 것이다."라고 하였다. 자형의 상부는 손을 의미하며 하부의 '氺' 모양은 꼬리를 뜻한다. 의미를 보다 확실하게 하기 위해 갈 착(辶)을 더해 따로 逮(붙잡을 체)를 제작했다.

隹
새 추

"隹는 꽁지가 짧은 새들을 아우른 명칭이며, 상형글자다."라고 하였다. 꼬리가 긴 새는 鳥(조)라 하며 비교적 짧은 꽁지를 가진 참새나 도요새 등을 지칭하는 글자를 나타낼 때는 隹(추)에 다른 부수를 더해 참새 雀(작)이나 도요새 雉(금)처럼 활용된다.

雨
비 우

"雨는 물이 구름으로부터 떨어진다는 뜻이다. 一(일)은 하늘을 본떴고 冂(경)은 구름을 상형했는데, 물방울이 그 사이에서 떨어진다."라고 하였다. 달리 해석한다면, 하늘(一) 아래 한정된(冂) 지역에 국한하여 빗방울이 떨어지는 현상을 글자 속에 담고 있다.

靑
푸를 청

"靑은 동쪽 방향을 나타내는 색이다. 生(생)과 丹(단)으로 구성되었다."라고 하였다. 갑골문에는 보이지 않지만 금문에 그려진 자형을 보면 광산의 갱도(井)에서 광물(丶)을 캐내는 모양인데, 자형이 형성된 시대적인 배경으로 보아 청동의 주재료인 구리일 가능성이 높다. 구리(丹)가 산화되며 푸른색의 녹이 생긴(生) 것을 본뜬 것이라 유추할 수 있다.

非

아닐 **비**

"非는 어긋난다는 뜻이다. 飛(비)의 자형 하부의 날개 모양으로 구성되었으며, 날개가 서로 대칭으로 등진 것을 취했다."라고 하였다. 갑골문과 금문에도 보이며, 새가 양 날개를 펼치고 높이 나는 모양을 본뜬 것이다. 非(비)가 '아니다'는 부정의 뜻으로 쓰이자 새가 나는 모양을 보다 구체적으로 묘사해 飛(비)를 만들었으며, 또한 양 날개의 모양을 본뜬 깃 우(羽)를 별도로 만들었다.

9획

面

낯 **면**

"面은 앞에서 본 얼굴이다. 사람의 얼굴 모양을 본떴다."라고 하였다. 구체적으로 살펴보면 자형 상부의 ─(일) 모양은 비교적 넓은 이마를, 그리고 얼굴 중에서도 가장 도드라진 코(自)를 중심으로 좌우의 뺨(口) 부위를 그려내 '낯', '얼굴'을 뜻하게 되었으며, '겉'이나 '표면'은 파생된 뜻이다.

革

가죽 **혁**

"짐승의 벗겨낸 가죽에서 그 털을 제거하고 다듬은 것을 革이라고 한다. 革(혁)은 고친다는 뜻을 지닌 상형글자다."라고 하였다. 동물에서 벗겨내 말린 모양 그대로를 유지한 채 털을 손질하고 있는 모양으로 그려져 있다.

韋

가죽 **위**

"韋는 서로 엇갈려 있다는 뜻이다. 舛(천)으로 구성되었으며 □(위)는 소리요소다. 짐승의 가죽을 부드럽게 무두질한 것은 비틀어지고 서로 어긋난 물건을 묶을 수 있기 때문에 가차하여 '가죽'이라는 글자로 여겼다."라고 하였다. 갑골문을 살펴보면 다듬어지지 않은 가죽(□)을 양발로 밟아 부드럽게 하거나, 혹은 큰 가죽을 무두질하기 위해서는 나무기둥(□)에 대고서 두 사람이 엇갈려가며 문지르고 있는 모습이다. 또한 성이나 요새(□)를 지키기 위해 발을 분주히 움직이는 모양으로 보기도 한다.

韭

부추 **구**

"韭는 채소의 일종인 부추를 말한다. 한 번 심으면 오래(久) 살기 때문에 구(韭)라고 하였다. 상형글자다."라고 하였다. 자형 하부의 一(일)은 땅을 뜻하고 상부의 '非' 모양은 자잘하게 자란 부추의 모양을 그린 것이다.

音

소리 **음**

"소리가 마음에서 우러나와 몸 밖으로 나옴이 마디마디가 있는 것을 音(음)이라 한다."라고 하였다. 갑골문에 새겨진 것은 입(□)에 나팔과 같은 관악기(辛)를 불고 있는 모양, 즉 사람의 입을 통해 나오는 소리를 표현한 것이다.

頁

머리 **혈**

"頁은 머리를 뜻한다."라고 하였다. 갑골문과 금문에는 사람의 몸과 머리, 머리털을 비교적 상세하게 그리고 있다. 또한 책의 면수(페이지)를 나타낼 때는 '책면 엽'으로 읽는다.

風

바람 **풍**

"風은 팔풍(八風)을 말한다. 虫(훼)로 구성되었고, 凡(범)이 소리요소다. 바람이 일면 벌레가 생기기 때문에 8일이면 벌레(蟲)는 변화한다."라고 하였다. 바람을 추상적으로 그려낸 게 凡(범)인데, 그 바람결(凡)에 휩싸여 벌레들(虫)이 이동하는 것으로 보았다.

飛

날 **비**

"飛는 새가 날아오르는 것이다. 상형글자다."라고 하였다. 새가 양 날개를 펼치고 하늘을 나는 모양을 본뜬 글자인데, 갑골문과 금문에는 보이지 않으며 소전에 나타난 것으로 보아 후대에 만들어진 글자다.

食

밥 **식**

"食은 한데 모은 쌀을 뜻한다. 皀(핍)으로 구성되었으며 스(집)은 소리요소다."라고 하였다. 갑골문의 자형을 보면 그릇(豆)에 밥을 담아 뚜껑(스)을 덮은 모양으로 그려져 있다. 보통 명사로서 '밥'을 뜻하기도 하지만 동사로 쓰일 때는 '먹다'라는 의미로 쓰인다.

首

머리 **수**

"首는 수(首에서 자형 상부의 두 획이 없는 글자)의 옛글자다. 자형 상부의 '巛' 모양은 머리카락을 본뜬 것이다. 그 머리카락은 틀어 올린 머리를 말하며 곧 '巛'으로 표현하고 있다"라고 하였다. 머리는 몸의 가장 높은 위치에 있기 때문에 '우두머리'라는 뜻도 지니게 되었다.

香
향기 **향**

"香은 향기롭다는 뜻이다. 黍(서)와 甘(감)으로 구성되었다."라고 하였다. 그러나 갑골문을 보면 벼 화(禾)와 밥솥을 본뜬 모양의 '曰'로 구성되었다. 쌀이나 기장 등 곡식(禾)을 솥(曰)에 넣고 밥을 지으니 그 냄새가 참으로 향기롭다는 뜻을 담았다.

10획

馬
말 **마**

『설문』에서는 "馬는 성내다, 용맹하다는 뜻이다. 말의 머리와 갈기 털, 그리고 꼬리와 네 다리의 모양을 본떴다."라고 하였다. 갑골문의 자형은 보다 사실적으로 그려져 있다.

骨
뼈 **골**

"骨은 근육의 핵심임을 뜻한다. 冎(과)로 구성되었으며 살이 붙어 있는 모양이다."라고 하였다. 살(肉=月)을 아직 발라내지 않은 뼈(冎)를 말한다. 살을 발라내면 죽음을 의미하는 冎(과)가 되고, 뼈에 살이 붙어 있으면 살아 있는 상태를 뜻하는 骨(골)이 된다.

高
높을 **고**

"高는 높다는 뜻이다. 누대 위의 높게 바라다 보이는 모양을 본떴으며, 冂(경)과 口(위)로 구성되었다."라고 하였다. 高(고)는 자형 전체가 누각이나 성의 망루와 같은 높은 건물 모양을 그려낸 상형글자다.

髟

머리 드리워질 **표**

"髟는 긴 머리카락이 휘날리는 모양이며, 長(장)과 彡(삼)으로 구성되었다."라고 하였다. 긴(長) 머리카락(彡)이 바람결에 휘날리거나 찰랑거리는 모양을 그려냈다.

鬥

싸울 **두, 투**

"鬥는 두 명의 병사가 서로 마주 대한 모습인데, 병장기는 뒤에 있으며 싸우는 모습을 본떴다."라고 하였다. 鬥는 그 발음이 '두'와 '투', '각'으로 읽히기도 하며 모두 싸운다는 의미를 지니고 있다.

鬯

울창주 **창**

"鬯은 기장과 울금초로 빚은 술로써 그 술의 향기를 퍼뜨려서 신(神)을 내리게 하는 데 사용한다. 凵(감)으로 구성되었으며, 凵은 항아리를 뜻한다. 가운데는 알곡을 본떴으며 匕(비)는 곡식을 퍼올리는 도구다."라고 하였다. 여기서 말하는 술은 울창주(鬱鬯酒)인데, 기장을 발효시키고 생강과의 여러해살이 풀인 심황으로 향기를 낸다. 항아리(凵)에 국자와 같은 도구(匕)를 이용해 기장과 심황을 넣고 발효시켜 술을 빚는다는 내용이 담겨 있다. 鬯(창)이 다른 부수에 더해질 때는 대부분 술과 관련이 깊다.

鬲

솥 **력**

"鬲은 솥의 일종에 속하며, 5곡(穀)을 담는데 한 말 두 되를 곡이라 한다. 중간 배 부위의 교차된 무늬와 세 개의 발을 본떴다."라고 하였다. 세 개의 굽은 다리가 달린 큰 솥을 본뜬 것이다. 부수로 쓰일 때는 솥이나 솥을 활용해 하는 일 등으로 쓰인다.

鬼

귀신 귀

"사람이 돌아가서 되는 것을 '鬼'라고 한다. 儿(인)으로 구성되었고 자형 상부는 귀신의 머리를 본뜬 것이다. 또한 厶(사)로 짜여 있는데, 귀신은 음기(陰氣)여서 해롭기 때문에 厶(사)로 구성한 것이다."라고 하였다. 귀신의 모습을 상상하여 만든 탈을 쓰고 쭈그려 앉아 있는 무당을 상형한 글자다. 자형 상부의 'ㄹ+田' 모양이 곧 기괴하게 만든 탈이고, 그걸 쓰고 있는 사람(儿)의 모양이 갑골문과 금문의 자형이었다. 소전에 이르러 '厶(사)' 모양이 첨가되었는데 발꿈치라는 설과 함께 삿되게 사람을 해치는 귀신을 뜻하기 위한 표시로 보기도 한다.

11획

魚

고기 어

『설문』에서는 "魚는 물에서 사는 동물로 상형글자다. 魚(어)의 꼬리와 燕(연)의 꼬리는 모양이 서로 비슷하다."라고 하였다. 갑골문의 자형은 물고기의 모양을 본뜬 것이다. 자형 상부의 'ㅓ' 모양은 물고기의 머리를, 중간의 '田' 모양은 몸통을, 그리고 하변의 '灬'는 지느러미를 나타낸 것이다. 물속에 사는 물고기의 총칭(總稱)으로 쓰이고 있다.

鳥

새 조

"鳥는 꼬리가 긴 새를 아울러 부르는 명칭이며, 상형글자다."라고 하였다. 자형 하부의 네 개의 점은 꼬리를 그려낸 것이다. 鳥(조)에 소리요소를 더해 형성글자를 만들어내고 있는데 닭 鷄(계), 비둘기 鳩(구), 해오라기 鷮(교) 등이다.

鹵
소금 로

"鹵는 서쪽 지방의 소금이 나는 땅이다. '口' 모양은 소금의 형태를 본뜬 것이다."라고 하였다. 갑골문에도 보이는데 자형의 가운데 점은 소금을, 그리고 외곽은 담은 용기를 나타낸 것이다.

鹿
사슴 록

"鹿은 사슴과의 짐승을 말한다. 머리와 뿔, 네 다리의 모양을 본떴다. 새와 사슴은 다리가 서로 비슷하기 때문에 比(비)로 구성되었다."라고 하였다. 갑골문에도 보이는데, 아름다운 뿔의 모양이 보다 사실적으로 그려져 있다.

麥
보리 맥

"麥은 까끄라기가 있는 곡식을 뜻한다. 가을에 씨를 뿌리고 흙으로 두텁게 덮기 때문에 麥(맥)이라고 말한다. 金(금)기운이 왕성한 가을 겨울에 살고 火(화)기운이 왕성한 여름에는 죽는다."라고 하였다. 보리와 밀의 생육조건은 가을에 파종하여 여름이 오기 전에 수확하는 특성을 말하고 있다. 또한 자형 하부의 夊(쇠)는 서릿발로 인해 보리의 뿌리가 뜨기 때문에 밟아(夊)주어야 한다는 의미로 쓰였다고 주장하기도 한다. 따라서 麥(맥)이 다른 부수에 더해지면 대부분 보리와 밀의 뜻을 지니게 된다.

麻
삼 마

"麻는 삼이라는 뜻이며, 집 엄(广)과 삼실 파(𣏟)로 구성되었다."라고 하였다. 개방형 건물과 같은 창고(广)에 삼 껍질을 벗겨 잘게 째 한데 묶어 걸어둔 삼실(𣏟)이라는 데서 '삼'을 뜻하기도 했으며, 또한 대마초의 원료라는 점에서 '마비시키다'의 뜻도 지니고 있다.

黃
누를 **황**

『설문』에서는 "黃은 땅의 색깔이다. 田(전)으로 구성되었으며 芡(광)이 소리요소다. 芡(광)은 光(광)의 옛글자다."라고 하였다. 갑골문에도 보이는데, 의견이 분분하다. 화살 矢(시)의 변형으로 보는가 하면, 사람이 허리에 환옥(還玉)으로 된 노리개를 두른 모양으로 보는 경우도 있다. 우리나라에서 출토되는 옥은 비취색인데, 중국에서 나는 옥은 대개가 황옥인 점을 감안하면 후자의 의견이 타당할 것 같다.

黍
기장 **서**

"黍는 벼과에 속하며 차진 맛이 있다. 한여름인 대서에 파종하기 때문에 기장(黍)이라고 하였다. 禾(화)로 구성되었고, 雨(우)의 생략형이 발음요소다. 공자는 기장으로 술을 빚을 수 있기 때문에 벼(禾)를 물(氺)에 담그는(入) 모양으로 구성되었다."라고 하였다. 즉 물(氺)을 부어(入) 술을 담그는 데 잘 발효되는 볏과(禾)의 '기장'을 뜻한다.

黑
검을 **흑**

"黑은 북쪽 방위를 나타내는 색인데, 불에 그을린 색이다. 炎(염)으로 구성되었으며 자형 상부는 연기가 나오는 굴뚝이다."라고 하였다. 그러나 갑골문의 자형은 사람의 모습으로 그려져 있는데, 허신과 달리 대체로 두 가지 설을 주장하고 있다. 하나는 고대사회의 제사문화와 관련 있는데, 가면을 쓰고 온몸에 검은색 물감을 칠한 채 죽은 사람을 대신하는 시동(尸童: 옛날 제사 지낼 때 신위(神位)를 대신하여 의자에 앉던 어린아이)처럼 서 있는 사람을 본떴다는 설이다. 또 하나는 이마와 얼굴에 먹물로 문신이나 낙인을 찍어 묵형(墨刑)을 당한 사람이라는 설이다. 허신이 주장하고 있는 불에 그을린 굴뚝이라는 설은 갑골문과 금문의 자형을 간략화한 소전을 보고 해석한 것이다.

黹

바느질할 **치**

"黹는 바늘을 이용해 실로 꿰맨 옷이라는 뜻이다. 㡀(폐: 우측의 攵의 생략형)와 丵(착)의 생략형으로 구성되었으며 바늘로 꿰맨 무늬를 본떴다."라고 하였다. 즉 실을 꿴 바늘로 천에 수를 놓는 모양을 본뜬 것이다.

13획

黽

맹꽁이 **맹**

『설문』에서는 "黽(맹)은 개구리와 맹꽁이 등이다. 它(타)로 구성되었으며 상형글자다. 맹꽁이의 머리는 뱀의 머리모양과 같다."라고 하였다. 갑골문과 금문의 자형은 개구리를 위에서 바라본 모양, 즉 큰 머리와 몸통 그리고 네 개의 발을 그린 것으로 뱀(它)과는 전혀 관련이 없다.

鼎

솥 **정**

"鼎은 세 개의 발과 두 귀가 달린 것으로 다섯 가지 맛을 조화롭게 하는 보배로운 그릇을 말한다. 나무를 쪼개서 불을 때는 모양을 본떴다."라고 하였다. 갑골문이나 금문에도 세 개의 발과 두 귀가 달린 솥의 형태로 그려져 있다.

鼓
북 고

　　"鼓는 북을 두드린다는 뜻이며, 壴(주)와 攴(복)으로 구성되었다."라고 하였다. 본래는 '악기이름 壴(주)'가 북을 의미했지만, 후에 북의 종류를 총괄하여 '북 鼓(고)'로 통일했다. 즉 손(又)에 막대(十)를 쥐고서 북(壴)을 두드린다는 뜻이다.

鼠
쥐 서

　　"鼠는 굴속에서 살아가는 동물의 총체적인 이름이며 상형글자다."라고 하였다. 금문에 보이는데 자형 상부는 잘 발달된 이빨을, 하부는 통통한 복부와 발톱, 그리고 꼬리 모양을 그려 '쥐'를 표현한 것이다.

14획

鼻
코 비

　　『설문』에서는 "鼻는 공간의 기운을 끌어들이고 절로 내보내는 코를 뜻한다. 自(자)와 畀(비)로 구성되었다."라고 하였다. 코의 옛글자인 自(자)는 얼굴 중에서도 가장 오똑하게 도드라져 '자기 자신'을 나타내는 의미로 쓰여 혼란이 일자 소리요소인 畀(비)를 더해 '코'라는 의미의 형성글자를 만들었다. 鼻(비) 자는 '코밑 진상'이라는 의미를 적나라하게 드러낸 글자다. 鼻(비)는 코를 뜻하는 自(자)와 누구에게 무엇을 준다는 의미의 줄 畀(비)로 짜여 있는데, 코(自) 아래 입으로 먹을 것(田)을 바치게(두 손으로 받들 공: 廾) 되면 안 넘어갈 사람이 없다는 뜻이 담겨 있다.

　　"齊는 벼나 보리가 이삭을 피워낸 윗부분이 가지런하다는 뜻으로 상형글자다."라고 하였다. 그러나 갑골문에 그려진 모양을 자세히 보

齊

가지런할 **제**

면 창끝 모양과 같은 것 세 개가 나란히 그려져 있는데, 대부분 이것을 『설문』에서처럼 보리이삭과 같은 곡물로 해석하고 있다. 그러나 현재의 자형인 齊(제)를 눈여겨보면, 도(刀)나 氏(씨), 그리고 중앙부의 辛(신) 모양은 모두가 도검류와 관련이 깊으며 자형 하부는 그것을 꽂을 수 있는 대(臺)라 할 수 있다. 그 뜻은 창이나 도검류를 나무로 만든 형틀에 '가지런히' 꽂아놓은 모양이다.

15획

齒

이 **치**

『설문』에서는 "齒는 입속의 잇몸에 난 뼈를 말하며, 입과 이빨을 본뜬 것으로 止(지)는 소리요소다."라고 하였다. 입을 벌린(凵) 위아래 입술을 경계(一)로 윗니(씨)와 아랫니(씨)를 그려냈고 자형 상부의 止(지→치)는 발음을 나타냈다. 齒(치)는 미소 지을 때 드러난 앞니만을 뜻한다.

16획

龍

용 **룡**

『설문』에서는 "龍은 비늘을 가진 동물 중의 우두머리다. 몸체를 숨길 수도 있고 드러낼 수도 있으며, 아주 작게 할 수도 크게 할 수도 있고, 짧게 할 수도 길게 할 수도 있다. 춘분이 되면 하늘로 오르며 추분이 되면 내려와 깊은 연못 속으로 잠긴다. 肉(육)으로 구성되었으며, 자형의 우변은 날아가는 모양(飛)이다. 童(동)의 생략형이 소리요소다."라고 하였다. 갑골문에도 보이며 현재의 자형은 소전에서 이루어진 것이다. 상상의 동물 가운데 하나로 기린·봉황·거북과 함께 사령(四靈)의 하나로서 천자에 비유되며, 인도에서는 불법을 수호하는 사천왕의 하나로 생각하고 있다. 용의 모습은 9가지 종류의 동물을 합성한 것으로 얼굴은 낙타, 뿔은 사슴, 눈은 귀신, 몸통은 뱀, 머리털은 사자, 비늘은 물고기, 발은 매, 귀는 소와 닮은 모양이다.

龜
거북 귀

"龜는 오래됨을 뜻한다. 자형의 밖은 뼈이고 안은 살이다. 它(타)로 구성되었으며, 거북의 머리와 뱀의 머리는 같다. 본래 부여받은 성품으로 볼 때 어깨가 넓은 것은 수컷이 없는데, 거북이나 자라와 같은 종류는 뱀을 수컷으로 삼는다. 발과 등딱지, 꼬리의 모양을 본떴다."라고 하였다. 갑골문에 그려진 자형 역시 측면에서 바라본 모양이다.

17획

侖
피리 약

『설문』에서는 "侖은 대나무로 만든 관악기를 말한다. 세 개의 구멍으로써 조화로운 여러 소리를 내며 品(품)과 侖(륜)으로 구성되었다."라고 하였다. 세 개의 구멍(品)을 통해 조화로운(亼 삼합 집: 세 가지가 잘 어울림) 소리를 내는 대나무(冊)로 만든 관악기를 그려내고 있다. 이후 구멍에 상관없이 대나무로 만든 관악기를 아울러 상징하게 되었다.

색인

그림으로 기억되는
브레인 한자

초판 1쇄 발행   2020년 5월 20일

지 은 이   최상용
펴 낸 이   한승수
펴 낸 곳   문예춘추사

편집주간   최상호
편   집   이상실
마 케 팅   박건원
디 자 인   이유진

등록번호   제300-1994-16호
등록일자   1994년 1월 24일
주   소   서울특별시 마포구 동교로27길 53 지남빌딩 309호
전   화   02 338 0084
팩   스   02 338 0087
메   일   moonchusa@naver.com

I S B N   978-89-7604-408-2 03700